買わされる「名付け」10の法則

則定隆男

日経プレミアシリーズ

プロローグ　コトバを売る

雪恋姫と天使のブラ

バラはどう呼ぼうと香《かぐわ》しいか？

「雪恋姫」（フローラ）という化粧品がある。これを使用すればいかにも肌が「雪」のように白くなり「姫」のように綺麗になって「恋」が成就しそうである。なぜだろう。

シェークスピアの『ロメオとジュリエット』の中に、「バラはどんな名で呼ぼうと香しい」という有名な台詞がある。モノとその呼び名との関係は恣意的なものであることを指摘したコトバである。しかしわれわれは、頭ではそれが理解できても、「やはり『バラ』でなくては」と思ってしまう。

コトバがそれを示すモノと長く結びつくと、そのモノの持っている特質がコトバにも乗り移り、バラというコトバにも、香しさが感じられるようになる。企業は、その名や商品名に、よいイメージのコトバを探して使用する。

「天使」というコトバのイメージがよいと思えば、「天使のドレスウォッチ」（ケフィア事業振興会）や「天使のブラ」（トリンプ）、そして「天使の卵」（スペースクリエーター）と多用する。

説明型の名称と違い、イメージ型の名称は、期待と違うからと訴えられることはない。ガスで焙煎した豆を交ぜていながら「炭火焙煎」として売った食品卸大手に、景品表示法違反に基づく排除命令が出された。[1] しかし、「天使は腕時計やブラジャーをしていないし、卵も生まない」と訴える人もいないし、訴えても採り上げてくれない。天使になったような気分を売っていることを買う側も納得しているのである。

「なんとなく、クリスタル」の世界へ　MG5とバイタリス

イメージ戦略とわかっていても、いっときある気分にひたれるなら、それも悪くない。しかし、やがて、買う商品により、その人が判断されるようになる。田中康夫が書いた『なんとなく、クリスタル』は、話題を集め、その題名は、流行語にもなった。描かれるのは、由利というモデルをしている女子大生の日常生活である。

この中で、自身の服装について次のように語る。

「テニスの練習がある日は、朝からマジアかフィラのテニスウェアを着て大学まで行くが、普段は気分により、ボート・ハウスやブルックス・ブラザーズのトレーナーを着る。でも着ていて一

番気分がいいのは、飽きのこない、上品な感じのサン・ローランやアルファ・キュービックのもの。そして六本木に行く時には、クレージュのスカートかパンタロンに、ラネロッシのスポーツ・シャツの組合せで、ディスコ・パーティーがあるなら、サン・ローランかディオールのワンピース」。

ここには、このように当時若者が意識し始めたブランド名が散りばめられている。違うブランドを身につけることで違う気分になるだけでなく、その身につけるブランドにより、その人が判断される。

かつて男性の使用する化粧品はひげ剃りクリームと頭髪を固める固形のポマード程度であり、服も、「学生服を脱いだら次は地味な背広」と決まっており、過度にオシャレに気を使うことは男らしくないとされていた。

しかし、1960年代になり、アメリカの北東部の名門大学の学生のファッションが「アイビールック」という名で入ってきた。若者は、ポマードを古臭く感じ、液体整髪料バイタリスをつけて七三に分け、石津謙介の設立したVANの細身の服を好んで着た。

ところが、しばらくするとアメリカで始まった反体制運動や学生運動とともに、カッコよさの基準の変化も輸入された。こぎれいさはダサく感じられ、長髪に着古したジーンズという一見オシャレを無視したように振る舞うことがオシャレに思われ出したのである。

その当時の若者を描いた、つかこうへいの芝居『飛龍伝』の中で、流行遅れのバイタリスを買う機動隊員が新しいトレンドのＭＧ５を使っている学生運動家の友人をうらやみ、「資生堂とライオンじゃあ天と地の差があるんだよ」といわせている。[3]

このようなブランドの持つ意味をつくり出し、そしてそれを変化させているのは、企業自身である。ユニクロの服を着用していたときに〝ばれて〟しまったら恥ずかしい、という意味の「ユニばれ」という語があったのが嘘のように、今多くの消費者がユニクロを買う。[3] また、かつてセシルは、「高感度な女性からはダサい」といわれる保守的なブランドと考えられていたが、「セクシーな〝勝負服〟や〝モテ服〟と称されるブランドに大変身」し、「〝マルキューのセシル〟といえば若い女性の共通語」といわれるようになった。[4]

ダイハツの「ブーン・ルミナス」とトヨタ自動車の「パッソセッテ」はまったく同じクルマであり、いずれもダイハツがつくっている。しかし、「セッテ」は「ルミナス」の６倍の売上である。理由はブランドの違い以外には考えられない。[5]

スーパードライとストロングセブン

コトバのマジック

　ビジネスにおいて、コトバの工夫が見られるのは、企業名や商品名だけではない。企業には企業スローガン、商品にはキャッチコピーがあり、ここにも工夫が見られる。

　これらは、単に認知度やイメージを向上させるだけではなく、セールストークとして絶品である。映画「男はつらいよ」の主人公である寅さんは、路上で物を売るとき、いろいろな口上をいう。あるときはおもしろく、またあるときはテンポよく、そしてときに理詰めで、客をひきつけて商品を買わす。コピーやスローガンは、まさに、この口上である。そして、ここにはコトバの遊びやレトリックが見られる。

「できる録画テレビ」（日立）は、「録画できるテレビ」とは違う。テレビが「できる」、すなわち「優れている」ことをも伝える。「ニューバランスは、歩きやすい」とか、「ナリピタンは、効く」といわれると、「ほんとうに？」と疑う。しかし、「『ニューバランスは、歩きやすい』といわれるのは、なぜでしょう？」（ニューバランスジャパン）、「なぜ『ナリピタン』は、効くのか？」（小林製薬）、と問われると、疑う気持ちは飛んでしまう。

　また、「最近、乾燥から肌を守る保湿成分としてセラミドが注目されていますね」（小林製薬）

とか、「世界中で注目されている究極の新素材『ユーグレナ』」(コスメティック・シャイン)と、書かれていると、知らないのは私だけだったのかと思ってしまう。

アサヒビールが、飛躍的に伸びるきっかけをつくったのは、スーパードライである。ここでは、「苦味の強いビールから軽快で、すっきりとしたビールへ。わが国初の辛口・生ビール。ここに誕生」といったうたい文句を使用したが、そのとき、イメージキャラクターとして、当時人気の辛口ジャーナリストの落合信彦を起用し、「『男たちよ、辛口であれ』……時代は辛口、アサヒビール」というキャッチコピーを用いた。ここでも、優しく甘い男性より、情実を入れない厳しい男性が好まれる世の中の動きを利用し、ビールの味も辛口をと勧めた。[6]

それから月日が経ち、時代の変化で、優しい男が求められると味も甘さやマイルドが好まれていった。ところが、最近アルコール度の高い酒が復活の兆しを見せているらしい。

先駆けは、キリンビールの「氷結レモン　ストロング」で、通常の酎ハイよりアルコール度は2%高く8%である。この成功をビールにもと考え、第3のビールで、「ストロングセブン」を発売。サントリーも、「マイナス196℃ストロングゼロ　ダブルレモン」という商品を出して追随した。キリンは「ストロングの名が若者の『強くありたい』思いを刺激した」と分析している。[7]

数字のマジック　１９８０円と満足度87％

コトバと並んで数字も広告では重要である。８×７×６×５×４×３×２×１はいくらになるか。とっさに、充分計算する時間が与えられずに聞かれて大体の勘で答えた人の平均値は、２２５０だったそうである。ところが、１×２×３×４×５×６×７×８はいくらになるかと聞かれたときの平均値は５１２だった。いずれも正解の４０３２０にはほど遠いのであるが、興味深いのは、平均値の違いである。最初に８という大きな数字を見る場合と、１という小さな数字を見る場合で、印象が変わってしまうからであると考えられている。[8]

こう考えると、１９８０円、２９８０円という値段をよく見かける理由がわかってくる。１９８０円と２０００円の差はたったの20円である。しかし、前者は１０００円台、後者は２０００円台という印象を与える。

逆に値段を高くするのも効果的である。缶コーヒーの場合、10円高くするだけで、高級感を出せる。また、高価さは、効果の高さを感じさせる。栄養ドリンクに関する調査がある。「栄養ドリンクに元気になる効果があるか」という問いに、「ある」と答えた人が約45％、「ない」が６％、そして、「わからない」が48％であったが、その中で、「効果と値段は比例する」と高額商品を志向する声も少なくなかったことが報告されている。[9]

データとしての数字は、コトバよりも説得力が強いことがある。まずは、「椿エキス配合！女性のために育毛剤！うす毛・抜け毛に、もう悩まない！満足度87％」（JIMOS）、「食後に健康水を飲む人、急増か!? 73・2％ 健康水1000人大調査」（アサヒ飲料）といった統計としての数は、うたい文句に客観性を与える。また、ここでは、「100％」でないところに、真実味が出る。

また、「よく売れている」とだけいうよりも、「世界中で170万台のオーナーの皆様と歩んできた」（トヨタ自動車）、「30万個売れている!!」（エモテント）、「4986万本突破！」（DHC）と数字を挙げる方が、その主張が手前味噌でないことを示す。

成分についても、「1粒で、しじみ約300個分のオルチニン」（協和発酵バイオ）などとの説明が行なわれ、ときには、「C1000ビタミンレモン」（ハウスウェルネスフーズ）、「潤うコラーゲン15000」（レミントン）とその数字を商品名に取り入れる。

こういった数字の効果を利用し、単に「若返る」とうたうのではなく、「夕方差がつく－5才肌」（花王）、「－10歳の夏肌をめざす」（DHC）といったコピーも見られる。

また、コトバ同様、数字も書き方で印象が変わる。「キリンフリー」は、「アルコール0・0

0%」をうたい文句にしている。なぜ小数点以下まで書くのか。アルコール度1%以下であれば、「ノンアルコール」とうたうことができる。これまでのノンアルコールは、0・1%などと多少はアルコールが入っていたのである。「0%」が「入っていません」を意味するなら、「0・00%」は「まったく入っていません」という強調である。

デジタルカメラも、画素数を競い合っている。画素数が増えると写真の解像度が高くなり、仕上がりがキレイだからである。しかし、今のデジカメは皆どれもキレイで、2000万といった数字を聞いてもどれだけ違うのかよくわからない。そういった場合には、逆に「花弁までくっきり」といった具体的な表現が効果的かもしれない。ただ、まちがっても「毛穴までクッキリ」と書いてはいけないことは、いうまでもない。

起きている間に催眠学習　ヤフードームとWinston

イギリスの作家ハックスリーが1932年に、『すばらしい新世界』を発表した。オーウェルの『1984年』と同じく、そうなって欲しくないという未来社会を描いた作品であるが、この中で、睡眠学習が紹介される。子どもたちが寝ている間に、教え込ませたい事柄をメッセージとして繰り返し、無意識の間に刷り込んでいくのである。「古い着物はいや」「古い着物は捨てる。

繕うよりも捨てる方がまし」と教え込まれてきた女性が、後に別の世界へ行ったときに、破れたら繕うことを教えられて驚く。彼女にとり、繕うのは「反社会的行為」だったからである。

睡眠中の催眠学習は現実とはならなかったが、起きている私たちに催眠学習は行なわれている。朝起きるとテレビや新聞から広告が目や耳に届く。家を出ると、あちこちに看板や掲示がある。乗ろうとする電車やバスの車体にも広告が書かれ、中に入れば、広告は壁に貼られ、天井から吊るされる。最近はビデオも流されるし、車掌の車内案内でも、駅名と一緒に企業名が伝えられる。勤務先では、経費節減のために裏面に広告の書かれたコピー用紙が使われ、同僚たちの服やアクセサリーも、これみよがしにブランドを見せつける。ヤフードーム、クリネックススタジアムと野球場や公会堂、さらには森林までにも企業の名がついている。

これにより、単に企業や商品の名が記憶に残っていくだけではない。商品に対する飽くなき欲望がつくられ、企業にとって都合のよい情報が伝えられ、われわれの思考は無意識に変わっていく。われわれの欲望を満足させるために生産が行なわれるだけでなく、欲望自体が生産される。

水は生きていく上で絶対に必要であるが、ダイヤモンドはなくてもすむ。しかし、水は安くダイヤモンドは高いのはなぜか。経済学では、需要と供給の関係によってこれを説明するが、では、なぜダイヤモンドを欲しがるのだろうか。経済学者たちは、これについても答えを出そうとした。

ある人は、自身が働かなくてもよい有閑階級という地位にあることを見せびらかすために消費するのだと説明し[10]、別の人は、人間の必要には、他人がどうあろうと自分は欲しいという絶対的必要と、それを満足させれば他人よりも偉くなった気がするという相対的必要がある[11]、と説明した。そこから、消費者を「地位を求める人々」と呼ぶ人も出てきた[12]。

おもしろい話がある。あるアメリカ人が紹介する実体験である。この人は女性であるが、男性の友人と話しているときに、タバコの広告の話になった。すると、その男性は、「イメージ広告にだまされるバカが本当に多い」が、「私はひっかかるようなバカでは」なく、「買うときは味を見るのだ」と熱っぽく語る。そこで、何を吸っているのかと聞くと、Winstonと答えた。実は、Winstonの宣伝には、誰にも何にも頼らないといった雰囲気の男の人が出てきて、こういうのである。「イメージでブランドを選ぶ人がいるが、私はそうではない。イメージは味わえない。私は味で選ぶ、だからWinston[13]」。

われわれが日常、無意識にそして無批判に目にし耳にしている企業名や企業スローガン、そして商品名やそこにつけられたキャッチコピーが、どのように私たちに催眠をかけているのかを考えていきたい。

目次

第　一　章

際立たせる、覚えさせる

「ナンデアル、アイデアル」

私が中学生の頃、当時の人気者であった植木等が出たテレビCMが話題となった。画面に出てきて傘を差し、「ナンデアル、アイデアル」といって笑うだけの5秒間CMであるが、これで「アイデアル」という傘のメーカーを知ることになる。

野山を歩くと道端にいろいろな草花が見られる。しかし、目に留まるのは、その名を知っている草木であり、その他の草木は見えていないのと同じである。アイデアル社は、CMによって、「雑傘」の中で目につく、名前の知っている傘になったのである。

同じ頃、「あたりまえだのクラッカー」というキャッチフレーズも流行した。前田製菓を引っ掛けたシャレで、その存在を目立たせた。

テレビの時代になり有名タレントが使われるようになったが、ラジオの時代、企業名の浸透に効果があったのはコマーシャルソングであり、それはその後も続けられた。

古くは、「伊東に行くなら、ハ・ト・ヤ」「ワ、ワ、ワー、ワがみっつ　ミツワせっけん」「牛乳石鹸、良い石鹸」と企業名を覚えやすく語呂合わせをしたタイプもあれば、ただひたすら「武田、武田、武田」「レナウン、レナウン、レナウン」と連呼するタイプもあった。また、「光る、光る東芝」と家庭電化製品メーカーの一社が歌えば、ライバル社は、「明るいナショナル」と歌った。電球に始まり、各種電化製品は、それまで薄暗かった家庭を明るくする存在であった。

寅さんの口上と企業スローガン　「セブン‐イレブン　いい気分」

よくアメリカの裁判ドラマで宣誓の場面が出てくる。そのとき、聖書に手を置き、〝I promise to tell the truth, the whole truth and nothing but the truth〟と偽証しないことを誓う。〝truth〟が3度も出てくるのは、真実のみであることを強調しているだけではない。最初は、〝the truth〟と2語、次が〝the whole truth〟と3語、そして最後に〝nothing but the truth〟の4語と、語の数が増えて畳み掛ける感じが出て、リズミカルになる。

マザー・グースという有名な伝承童謡がある。親が子に口移しで教えていく。子どもがすぐに覚えるように様々な工夫がこらされている。〝Peter Piper picked a peck of pickled peppers〟では、頭の音が同じになる「頭韻」。逆に、〝Hey diddle diddle. The cat and the fiddle〟と同じ音で終わる「脚韻」。また、〝Mary had a little lamb, little lamb, little lamb〟という「繰り返し」。

英語ではまた、強弱のリズムも大切である。〝Jerry and Tom〟ではなく〝Tom and Jerry〟というのも強弱のリズムのためである。前者が、〝Jer（強）ry（弱）and（弱）Tom（強）〟で、後者が〝Tom（強）and（弱）Jer（強）ry（弱）〟となり、「強弱」のリズムの方が好ましいからである。同じ理由で、イギリス最大手の小売業チェーンの名は、〝Spencer and Marks〟でなく〝Marks and Spencer〟であり、一世を風靡したアメリカのデュオの名は、〝Garfunkel and Simon〟ではなく、〝Simon and Garfunkel〟である。[1]

日本語でも、このリズムが、聞いて心地よく、覚えやすいものとなる。前に触れた寅さんの口上も実にリズミカルである。その中で私が一番好きなのが、「四谷赤坂麹町チャラチャラ流れる御茶ノ水、粋な姐ちゃん立ちションベン。白く咲いたか百合の花、四角四面は豆腐屋の娘、色は白いが水臭い。一度変われば二度変わる、三度変われば四度変わる、淀の川瀬の水車《みずぐるま》、誰を待つやらくるくると。ゴホンゴホンと波さんが、磯の浜辺でねぇあなた、あたしゃあなたの妻じゃもの、妻は妻でも『阪妻《ばんつま》よ』ときやがった」である。意味はないが聞き惚れるのはなぜか。ここには、現在企業名や商品名、そして企業スローガンやキャッチコピーに使われている手法が満載である。

「チャラチャラ」「くるくる」「ゴホンゴホン」のような反復。「チャ」「シ」「ア」「ツ」の頭韻。そして「ン」と「イ」の脚韻。さらに、「一度」「二度」「三度」「四度」との畳み掛け、最後の「四度（ヨド）」と次の「淀（ヨド）」が同じ音になる工夫も見られる。

ただここで、英語と日本語での大きな違いを説明する必要がある。英語は、母音が1つの音節を構成し、その音節がリズムの単位となる。それに対し、日本語でのリズムの単位は「モーラ」といわれる。これは、「長さの単位」で、撥音（ン）、促音（ッ）、長母音の後半部分（ー）や二重母音の第2要素が独立したモーラとなる。[2] そして、日本人にとっては、5と7の繰り返しという七五調が心地よく感じられる。「麹町」は、音節で数えると、〝kou-ji-ma-chi〟と4音節となるが、モーラで計算すると「コ・ウ・ジ・マ・チ」で5となる。また、「姐ちゃん」は、〝ne-chan〟という2音節でなく「ネ・ー・チャ・ン」の4モーラとなる。したがって、「コウジマチ」はその前に来る「ヨツヤアカサカ」と7・5のリズム、「ネーチャン」はその前の「イキナ」と合わさり7のリズムとなる。

また、「四谷赤坂麹町チャラチャラ流れる御茶ノ水」の口調がよいのは、「ヨツヤ」「アカサカ」「コウジマチ」と次第にモーラ数が増えていき、最後に、7モーラの変形である8モーラ（「チャラチャラナガレル」）が加わった5モーラ（「オチャノミズ」）で終わるからである。

今使われている企業スローガンもリズミカルである。まずは、繰り返し。「人が好き。地球が好き。旅がスキ」（近畿日本ツーリスト）、〝NO MUSIC, NO LIFE〟（タワーレコード）、〝Good Food, Good Life〟（ネスレ）、〝Human Chemistry, Human Solutions〟（テイジン）。

韻でいえば、〝Sweet Smile with Spoon Sugar〟（三井製糖）や「見つめます。見守ります。命の輝きを」（明治製菓）のような頭韻もあれば、「ほっと安心、もっと活力、きっと満足。」（出光興産）、「うまい・やすい・はやい」（吉野家ディー・アンド・シー）の脚韻もある。

また、モーラ数の面からいえば、「ひと・ひとみ・さわやか」（参天製薬）では数が、2・3・4に、「人も　地球も　健康に」（ヤクルト）、「〝光〟。ひろがる。ひびきあう」（NTT東日本）、「セブン‐イレブン　いい気分」では、3・4・5と1つずつ増えていく。そして、この場合、3と4で7の固まりができ、7・5のリズムができる。さらに、NTT東日本では「ヒ」の頭韻、「セブン‐イレブン」では、「ブン」の脚韻も加わり口調はさらによくなる。

対照の妙　「一瞬も　一生も　美しく」

「注意一秒、怪我一生」という交通標語が浸透している理由は、短い「一秒」と長い「一生」が対比され、それが、「一生」という長さをより強調するからである。こういった対照法は、コピーにおいても効果的に用いられる。

まずは、資生堂の「一瞬も　一生も　美しく」。同じ化粧品会社のマックスファクターは、SK‐Ⅱの宣伝で、「変わる。肌の透明感。変わらない。わたしの選択」と、商品の効果と商品へのロイヤリティーを巧みに配置する。

「『海外発』の電話を、『日本発』の料金で」（ＮＴＴコミュニケーションズ）と価格の安さのアピールもあれば、「シゴト人間の方が、アソビ上手である」（ＮＴＴドコモ）とビジネスとレジャー兼用のケータイの宣伝もある。目薬も、「昼のダメージは、夜、修復する」（ロート製薬）と、寝る前に一滴垂らせば、寝ている間に癒してくれる。

対照の妙は記憶の手段としてだけでなく、本来２つの矛盾するものを手に入れられることを表現するときにも効果的である。「ローコストで愉しむ、ハイクラスの遊び方」（グリーンフィールド）として、オーナーズマンションに誘う。「ひとつ上の快適、ひとつ下のプライス」（近畿日本鉄道）と、大阪─名古屋間をＪＲで行く旅と比較して安さと快適さを売り込む。

「コカ・コーラ ゼロ」の発売に際し、コカ・コーラは、「〝ワイルド（ＷＩＬＤ）〟でありながらも、〝ヘルシー（ＨＥＡＬＴＨＹ）〟なライフスタイルを提案」した。健康志向は柔な感じを与え、野性的な生き方とは対極にある。コークの強烈な味を恋しく思いながらも、健康のことを考えて糖分を抑えようと悩む人に、「『コカ・コーラ』ならではのワイルドさを持ちながらも、糖分ゼロ・保存料ゼロの製品設計によるヘルシーさを兼ね備えた」一石二鳥の商品だと訴える。

日本語の「のに」は、その前後に矛盾する語句を並べる。そこで、「快適なのに美しい」（ランズエンド）や「おいしいのに、うまい」（サントリー）といったコピーを見ると「あれ？」と考える。こうして注目を浴びただけで効果はあったといえるが、そこから、独自のメッセージを読み取らせようとする。

ランズエンドのコピーは独自に開発した「リアルボディ・フィット」に使われている。女性は歳をとると脂肪がついたり、からだのラインが落ちてくる。きれいに見せようと無理した服を着るとつらいし、逆に楽な服を身につけるときれいではなくなるという悩みを抱えがちである。そのジレンマを解決しますというメッセージである。

サントリーのコピーは、「ストロングゼロ」につけられている。これはアルコール度を強めたチューハイである。しかし、健康志向にも配慮して糖質ゼロをうたう。テレビCMでは、格闘家の蝶野正洋の〝I am strong〟のアピールに対し、女優の石原さとみが「強いだけじゃダメ」と抗議する。女性に「おいしい」といわせ、男性に「うまい」といわせるという思いが込められている。

—から—へ　〝i'm lovin' it〟

メールの普及により、アメリカの若者の間で簡略的表記が生まれた。頻繁にメールを打つ彼らは、その手間を少しでも省こうと、大文字を打つためのシフトキーを押さず、〝I〟を〝i〟と打つ。キーを叩く回数を減らすために、〝ｙｏｕ〟を〝ｕ〟と略す。ときには、〝ｔｏ〟に代わって数字の〝2〟をも用いる。

この小文字を効果的に使ったのが、アップル社である。１９９８年にこの会社は、ｉＭａｃを発売している。この〝i〟には、〝internet〟（インターネット）、〝intranet〟（イントラネット）、〝interactivity〟（双方向性）、〝interesting〟（おもしろい）、〝illumination〟（輝き）、〝imagination〟（想像力）といった意味が込められているとされるが、[3] 同時に「Ｉ（私）の」という意味も消費者は感じ取るであろう。

ただ、こういった意味よりも、商品名の頭に小文字の〝i〟を持ってきたことが新鮮な印象を与えた。アップルはさらに、この商品名を印象づけるために、〝i think, therefore, iMac.〟と〝I〟を〝i〟にしたコピーを使用した。[4] もちろん、これは、フランスの哲学者デカルトの〝I think, therefore I am.〟（我思う、故に我在り）のもじりである。アメリカは個人主義の国であり、多くの人は、〝I〟、〝I〟と自己主張をすると考えられている。そういった中で、〝i〟という小文字は、控え目な、可愛らしさも感じさせる。アップルは、この後も、ｉＢｏｏｋ、ｉＰｏｄ、ｉＰｈｏｎｅと〝i〟を頭に持ってくる商品を発売し続けている。

これを他社も見逃すはずはない。アメリカでは、マクドナルドが、〝i'm lovin it〟というスローガンを掲げ始めた。わが国でも、携帯でのインターネット接続サービスをiモードと名づけたNTTを筆頭に、多くの会社が、この〝i〟を利用している。ただ、わが国では、「アイ」という音から、〝eye〟（目）にも関連づける。

まずは、任天堂DSi。ここでの〝i〟は、まずは「私」を意味し、1人1台という「マイDS」になって欲しいとの願いと、2つのカメラが「目」となって活躍するという意味を込める。目薬も当然、これを利用し、「眼の奥の疲れをほぐす」薬として、「キューピーコーワi」（興和）を発売。

「私」の意味では、「私らしいブラ」として「iBra」（ワコール）、「ワタシ（ワタシ）らしく、iしてる」クルマ「i30cw」（ヒュンダイ）、そして、「iへの愛」の印としての化粧品「APEX‐i」（ポーラ）などがある。最後の2つの商品のコピーは、〝i〟が日本語の「愛」と同音であることをも利用している。

本名から芸名へ　アスキーとヤマハ

企業スローガンの助けを借りず、企業名自体を覚えやすいものにしようという動きも出てきた。

本嘉納商店は「菊正宗」、富士昆布は「フジッコ」、大下回春堂は「フマキラー」とその人気商品を企業名に使用した。

また、勝手に短縮して使われていた名の方が親しまれていた場合、それを正式名称あるいはブランドにすることもあった。短縮の際には、語の構成要素の語頭から2モーラずつ取ることが最も一般的といわれる。「東京芝浦電気」が「東芝」、「日本生命」が「日生」、「産業経済（新聞）」が「産経（新聞）」、「日本経済（新聞）」が「日経」、そして「ユニーク・クロージング」が「ユニクロ」といった具合である。[5]

かつてわが国では、成長により名を改める習慣があった。企業も、その業務内容の拡大により、名称を変更する。

「大丸呉服店」や「三越呉服店」は、百貨店となり、「呉服店」の名称を削除して、「大丸」や「三越」となった。「貝印刃物」も、刃物以外に鍋や釜も扱い、「刃物」の文字を取り去った。「電通」も、もともとは「日本電報通信社」の名称で活動する通信社であった。

ただ、カシオ計算機は、創業の原点を忘れないために名を変更しないし、[6] 本田技研工業も、技術を重視する思いから、「技研」の文字を残している。[7]

また、複数の企業が合併したとき、いずれの名を先にするかは、企業規模も影響するが、口調のよさも重要な要素となる。後になるほどモーラ数が多くなる方が口調がよい。「三菱（ミツビシ）東京（トウキョウ）ＵＦＪ（ユーエフジェー）」は４・５・６、「三井（ミツイ）住友（スミトモ）」と「コニカミノルタ」は共に３・４、そして「富士（フジ）ゼロックス」は、２・５である。

企業名認知の重要性が意識され出してからできた企業は、最初から、覚えてもらいやすい名称を考えるようになった。コンピュータ関連の出版社を興した若者たちがいる。彼らは、企業名を決定するにあたり３つの条件を考えた。

まず、五十音順、またはアルファベットで最初に来る「あ」もしくは「Ａ」で始まること。これだと電話帳をはじめ多くのリストで最初に登場して目につきやすい。そして、短くて語呂がよい３文字とすること。覚えやすさのためである。さらに、コンピュータに求められる要素の１つであるスピードを感じさせるために最後は音引きで伸ばすこと。そして考えついたのが、「アスキー」であった。これは、コンピュータ間の情報交換を可能にする世界標準となったＡＳＣＩＩというコンピュータ用語であった[8]。

このように考えてみると、企業名はかつてのように創業者やその土地、さらには、その成長に対する思いを込めた名をつけるよりも、芸名をつけるようなものになってきた、といえる。インパクトがあり、覚えやすいことが求められるようになった。

しかし、同時に芸能人にはイメージが必要である。逞しさを表す男優の名前、清楚な美しさを感じさせる女優の名前、そして、かわいさを強調するアイドルの名前が求められるように、企業も、その名により、イメージを出すことができる。

「日絆薬品工業」は、粘着テープ事業が主流となり、「薬品工業」の文字を取ったが、その際、「ニチバン」とカタカナ表記にした。山葉寅楠が創業した風琴（オルガン）を作る「山葉風琴製造所」も、種々の楽器の製造の開始にあたり「日本楽器製造」と改称し、さらに、創業者の名をカタカナ表記して「ヤマハ」とした。カタカナ表記は、モダンさ、オシャレな感じを与えた。

イントロダクションからからインパクトへ　「お～いお茶」と「きのこの山」

企業が業務内容を示すように、商品も、その成分や用途、そして特徴を名で表した。「痛散湯」は、痛みを散らすためにお湯に溶かして飲む漢方薬である。「救心」は心臓の薬で、「太田胃散」は、胃のための粉末状の薬である。

カルビー製菓という企業がある。この企業名は、健康にとって大切なカルシウムとビタミンB1という2つの栄養素に由来する。最初に出したヒット商品は、「かっぱあられ」である。その後、「かっぱせんべい」、そして「ポテトチップス」と続いていく。このうち、「かっぱ」は、漫画家の清水崑のカッパのキャラクターを利用したからであるが、その他の名称は、単なる商品の中身のイントロダクション、すなわち紹介である。

しかし、類似の商品があふれる中で目立つような工夫が求められるようになる。「かっぱえびせん」では「やめられない、とまらない」のコピーをメロディーに乗せて、消費者の脳裏に刷り込んでいった。しかし、それだけでは十分ではないと感じ、商品名自体を「じゃがりこ」や「Jａｇａｂｅｅ」と、これまでのような説明的名称でなく、ひと工夫するようになった。

「缶入り煎茶」と呼ばれていた商品があったが、売れ行きは思わしくなかった。インパクトを与えようと、説明的な名前に代えて、お茶を飲むときに主人が奥さんによくいう呼びかけを、そのまま使用した。それが「お〜いお茶」（伊藤園）である。

「きのこの山」（明治製菓）やその後に続いた「たけのこの里」（同）も、ネーミングのパターンを壊したものといえる。これでは、それがチョコレートであることはわからない。従来であれば、「キノコチョコレート」とか「たけのこチョコ」と呼んでいたであろう。

型破りはテレビドラマのタイトルにも見られる。かつては映画のタイトルと同じく、短く、それだけでは内容がわかりにくかった。それでも映画の場合は、広告で、その内容を宣伝することはできた。しかしテレビの場合、テレビ欄で紹介してくれない限り、内容の説明はできない。そのときに、2時間ドラマの場合、テレビの欄にスペースがあることに気づいた。出演者の名前を並べるよりも、ここで内容を説明すればよいのではないか。

テレビ朝日系列に「土曜ワイド劇場」というドラマの時間帯がある。「『ショカツの女3 新宿西署 刑事課強行犯係』目撃者は認知症の妻! 闇に消えた殺人犯と隠蔽された驚愕の真実!! 熟年夫婦愛が溺死トリックを暴く!」といった長いタイトルは、内容を伝えて興味をひく。

この「土曜ワイド劇場」型のネーミングも商品に見られるようになった。「アサヒトマーテ完熟トマトのフルーティーカクテル」(アサヒビールとカゴメの共同開発)、「日本の小麦と日本のお米で作った麺のラーメン」(日清食品チルド)、「凄技スパイシーブラック味噌ラーメン」(エースコック)は、中身を詳しく解説。

「ビタミン一日分カロリーオフ」(タマノイ酢)、「チュッとおすだけノーマット」(アース製薬)、そして「スコッチ超強力両面テープ プレミアゴールド スーパー多用途」(住友スリーエム)は、用途や効能を説明。

また、感性に訴えるものもある。「〝シュワっとはじける〟うれしいワインスパークリング」(サッポロビール)ではおいしさを、「予約でいっぱいの店のカポナータ」(エスビー食品)では有名店で食事した気分を、そして、「遊歩計　課長島耕作―歩いてサクセス！　社長への道―」（バンダイ）では、カラダを鍛えて出世していく姿を想像させる。

キャラを立てる

麻生太郎前首相が、「自分はキャラが立ちすぎている」と発言したことがある。個性や特性がハッキリとしていることを「キャラ立ち」といい、商品にもこれが求められる。いったん常識が破られ、型破りの名前が次から次へと出てくると、その中でも目立つようなネーミングが求められる。

寄せ豆富と男前豆腐

ここで2つの豆腐店を紹介したい。豆腐も、前に述べた傘と同じく企業や商品ブランドを意識しない商品であった。豆腐といえば、「絹ごし」か「木綿」であり、どこの店の品も変わりはないと思われていた。

そういった時代にネーミングに工夫して注目を浴びたのが、「篠崎屋」である。まず、ここでは、「豆が「腐る」のではなく、豆で「富む」ことを強調し、「豆腐」ではなく「豆富」と書いた。そして、「天然にごり製法絹ごし豆富」を発売。多くの消費者には、「天然にごり製法」がどういうものかは理解されていなかったが、ともかく何か特別の製法でおいしくなっているのだと思わせることができた。

「ふぞろいの林檎たち」というテレビドラマから「ふぞろいの油揚げ」を思いつく。本来、形がふぞろいであることはマイナスであるが、「手揚げなのでふぞろいになります」とつけ加えることにより、機械で大量に生産しているのではなく、手づくりであることに目を向けさせてヒット商品とした。

他にも、形の悪さを逆手にとった成功例がある。豆腐は四角と決まっており、どの店も、その形を崩れさせないために水につけて保管した。雑菌が増殖しないための知恵でもあるが、大豆のタンパク質は水溶性のため、これでは、せっかくのうまみが逃げてしまう。そこで、できたての豆腐をお玉ですくってパックに入れることを考えた。これだと形は崩れるが、大豆の旨味は逃げない。パックはお玉と同じ丸形にし、「寄せ豆富」と名づけた。四角い豆腐に比べ、つくり立てでおいしいと印象づけることに成功した。[9]

もう1つの豆腐店は、「男前豆腐店」である。創業者は、最初父親の豆腐店で働いており、後に独立して、「男前豆腐」という商品ブランドの1つをこの企業名にしている。

営業と商品開発の両方を任されたときに、まず考えたことは、篠崎屋の場合と同じく、大量生産風ではないようにすることであった。最初からパックに入れるのではなく、お客自身に取ってもらう、またパックに入れた場合にも、その上にシールをして輪ゴムでかける、という工夫をした。

しかし、結局、豆腐自体のキャラを立てないといけないと考えて、新奇な製法を考案していくのであるが、それを実に新奇な商品名にすることでアピールしていった。それが、「男前豆腐」であり、「風に吹かれて豆腐屋ジョニー」である。

前者の名前は、水切りのために二重容器を使用したことから、水がしたたることに注目。「水もしたたる」といえば「いい男」となることから、「男前豆腐」と命名。後者は、高級豆腐には「ナントカ兵衛」「ナントカ右衛門」といった昔風の名前が多かったのだが、まったく違うジョニーという洋風の名前をつけて目立たせようとした。「風に吹かれて」は、ボブ・ディランの有名な曲にヒントを得ている。

ネーミングがいかに重要かは、「トカタマ」の例でも明らかである。アメリカ産大豆と国産の十勝秋田大豆では、でき上がった豆腐の味はまるで違う。産地名を取り込んで「トカタマ」として豆腐を売り出したが、あまり売れなかった。そこで、「喧嘩上等　湯豆腐野郎」と改称すると、たちまち注目を浴びて飛ぶように売れたのである。[10]

第　二　章

違いを出す、
違いを説明する

比較広告　コカ・コーラvsペプシコーラ

アメリカのテレビCMにこういうのがある。小さな男の子が自販機にコインを入れてコカ・コーラを2つ買う。視聴者は当然コカ・コーラの宣伝と思うが、その後少年は、そのコーラを足場にして再度自販機に向い、一番上にあるペプシコーラのボタンを押す。出てきたペプシを持って帰る少年の後にコカ・コーラの缶が残されたままになっているのが映されて終わる。

アメリカにおけるコーラの2大巨人の戦いは、「ペプシ・チャレンジ」と名づけられた飲み比べキャンペーンから始まる。当時市場をほぼ独占していたコカ・コーラに対し、ブランドを伏せて飲み比べをしてみたところ、自称「コカ・コーラ派」という人もペプシを選んだと大々的に宣伝した。このキャンペーンには、マイケル・ジャクソンも登場した。対するコカ・コーラは、もう1人の人気者のマイケルであるマイケル・ジョーダンの力も借りながら、「ニュー・コーク」を発売して対抗した。

互いにダイエット製品を発売したときにも、ペプシがまず、「第一位獲得。選ばれた味」と題する宣伝を展開。そこで、全国ソーダ水味覚テストでペプシが勝ったこと、そしてそれは、「味に勝り、本当のコーラの風味がより多い」からであるとうたった。

すると、コカ・コーラは、「真のナンバーワンに関する3つの冷厳な動かしがたい事実」と題する宣伝を展開し、コークはペプシの2倍、ダイエット・コークはダイエット・ペプシの3倍、そしてスプライトはスライスの4倍売れており、「これは、大きな数字で消費者が何を最も好んでいるかをよく示している。つまりそれは、コカ・コーラである」と主張して対抗した。[1]

日本でも、セガが、カラー液晶を搭載した携帯型ゲーム機を発売したとき、任天堂のゲーム機を意識して、「君のは白黒なの？」というテレビCMを展開した。

ただ、アメリカと日本では、風土が違う。アメリカでは、何でもいずれが勝つかの戦いであると考える傾向がある。コトバの戦いであるディベートもこういった風土から生まれており、アメリカを「論争の文化」と呼ぶ人もいる。[2] こうした文化では、先に紹介した比較広告も一定の効果を生むが、正面きっての議論を好まない日本の風土にはこの比較広告はなじまない。

したがって、日本では、特定の商品や企業との比較ではなく、商品や企業全般との比較という形をとる。サントリーは、タレントの竹内結子に「近頃、お中元を、プレミアムビールに変える人が増えているみたいです。いただく側からいえば（ぶっちゃけ）、普通のビールより嬉しいですもんね」といわせている。

同じように、パナソニックは、小雪に「わたし、ブルーレイって、みんな『キレイ』だと思っていました」といわせ、その後、「同じフルハイビジョンでも、ディーガなら、美しさに差がつきます」と説明する。

何と比較するか　「裸よりも気もちいい」

耳にこびりつくフレーズが購買時に思い出されて商品を選ぶ例として、アメリカ人の次のような話がある。スーパーでいつものようにＣｒｅｓｔの歯磨きを買おうとして手に取ったときに、何かこれまでと違う、そしてこれまでよりもよい味のものをと考えて、Ａｉｍを買ってしまう。それは、毎日流れてくる〝Aim tastes better〟（エイムの方がよい味）というキャッチコピーが無意識にしみ込んで、そう思い込まされているのである。

ここで大事なことは、「何より？」と自問してみることである。もちろん、Ａｉｍは、「他の歯磨きよりも」と思わせたいのは明らかであるが、実際にはそのようなことはいっていない。広告業者は、他にも、〝Firestone Radial Tires stop 25% faster〟などと比較の対象を明示しない「懸垂比較級」を好んで使用する。[3]

比較広告を好まないわが国において比較表現が用いられる場合、多くは自社比較である。「60％アップのカール」（エステローダー）を可能にしたマスカラや、「2倍長もち」（アサヒペン）

の塗料も、自社比較である。商品の効果だけでなく、「おかげさまで予想を大きく上回るご支持をいただいております」（キリンビール）と、予想との比較も見られる。

ここには、他社との比較をためらう気持ちと同時に、常に自社製品が最高であり、自社製品を抜くのは自社製品だけであるという自負もある。その思いが端的に出たのが、「3シリーズの歴史を超えられるのは、3シリーズだけである」（BMW）とのコピーである。

他社製品と比べる際には、「この中敷は今までと違う」（小林製薬）、「新しいオルフィスは、ふつうのプリンターと仕事の〝速さ〟がちがいます」（理想科学工業）などと、商品を特定しないのが普通である。

「今まで」とか「ふつう」といった比較対象を明示せず、「アクトスのプールは違う」というだけでも良い。「チョーヤは酸味料を加えたものを、梅酒とは呼びません」といえば、他社は酸味料を入れているという意味を言外に伝える。「ニオイのしない白髪染めここに」（ダリヤ）といえば、他の商品はニオイがすることを伝える。

「あ、このサラサラ、裸よりも気もちいい」（ユニクロ）では、商品ではなく、裸と服を比較して、夏に服を着たときに感じるじっとりとした暑さを否定している。

バーゲンセールのときには、正札の価格を消して割引価格が書かれる。割引価格だけ書くよりも、値引き感を与える。比較する場合、何と比較するかが大事である。「白よりも、クリア」（ライオン）は、「白」と比べることで「クリア」さがより強調される。「コラーゲンを超える保湿力」（プライヴ）といえば、コラーゲンの持つ力を利用して効果を説明できる。

花王が、2008年に白髪染め「ブローネ泡カラー」を発売した。同種の商品が700円程度で売られているときに、1100円前後という4割ほど高い価格で発売されたが、人気を博した。泡を利用するなどの工夫も一因であるが、「お得感」が大きいといわれる。たしかに従来商品と比べると高いが、美容院で髪を染めると1万円程度かかることを考えれば、1割程度という安さである。[4]

本当の生とアンチシューズ

本物・別物を強調

出張や旅行に行き現地の名産物を探そうとすると、似たようなものが多数あり選択に迷う。そういったとき、「本家」というコトバがあると効果的だが、その後「元祖」という看板を見ると、いったいどちらが正統なのかと迷う。

似たような品物がたくさん出回ると、「ほんとうの」というコトバを用いて他と差別化を図ろうとする。健康食品は無数に出回っている。しかし、「ほんとうの健康を考えるなら」（野草酵素）、「化学合成を使わない」品をと勧め、「きれいに見せる化粧品もいいけれど、本当に欲しいのはキレイになれる化粧品」（ヘルシーカンパニー21）と、見せかけの商品との差を強調する。

アサヒビールも、「本当の生です。酵母が生きてます」とのコピーで「本生」という商品を売り出したことがある。それに先立ち、アサヒは「びん生」を発売したが、熱処理していたために「生」の表示を撤回せざるを得なくなった（これに関する詳細は後述する）。ところがその後、ビール業界では後発のサントリーが非熱処理の生ビールの製造に成功し、「純生」として売り出した。アサヒは再度「生」に挑戦し、発売にこぎ着ける。この場合、「本当の生です」というコトバは、サントリーのミクロフィルターによるろ過と違うという差異性を示すと同時に、以前発売した「生風味」とは違うということをも示している。

「ほんものの」といういい方も同じような働きをする。「オーガニック（有機）」というコトバが氾濫する今の時代「『ほんもの』のオーガニックコットンを知っていますか？」（興和）と購入している商品の再検討を促す。化粧品や家庭教師選びにも真贋を見分ける目を持って欲しいと、「本物の美しさを追求する」（ロゼット）、「〝本物の贅沢〟をアテニアだから手の届く価格で」（アテニア）、「本物の家庭教師センターだから、この実績」（名門会家庭教師センター）、「『本物の学力』を育みます」（学研教室）と訴える。

もちろん、「ほんもの」とか「ほんとうの」というコトバを使う背後には、世の中にはまがいものが多いという事情がある。したがって、「ごまかさない。ごまかしのない味づくり」（ピエトロ）をアピールし、「肌の声に正直につくりました」（ピュアロジスト）とうたう。また、「私たちの野菜は、裏切ることを知りません」（らでぃっしゅぼーや）、さらには、「嘘のないおいしさ」「まっすぐなおいしさ」（キリンビバレッジ）と嘘や不純がないことをうたう。

以上は商品やサービスの説明であったが、ターゲットとする顧客を限定して本物であることを示す方法もある。「本気の美白、このセットで」（エステローダー）、「エイジングケアを、本気で考える人へ」（レクシア）「オラクル」を、「本気で英語をモノにしたい、すべてのビジネスパーソンに」（日本経済新聞社）はThe Nikkei Weeklyを勧める。

このように、「これこそほんもの」と主張するのとは正反対に、「化粧品のレベルでない化粧水」（ヘルシーカンパニー21）、「クレンジングとは思えない美肌向上」（オルラーヌ　ジャポン）と、同じカテゴリーには入らない違う商品であるといったアピールの仕方もある。

「〝アンチシューズ〟としてデザインされた」（MBT）靴は、今の靴にはない特色を感じさせる。「オフィスのプリンターに、印刷機のパワーを」（理想科学工業）といえば、それまで同じ意味と考えられていた「プリンター」と「印刷機」に違いが生まれる。「印刷機」は業者が使用する機械で、より性能が高いという差別化が行われている。

「マスカラじゃない　これは塗るまつげ」（イミュ）にも似たようなレトリックが見られる。マスカラも塗るものであるが、通常のマスカラは、黒い粉を混ぜ込んだクリームがまつげにくっついており、それが乾くと粉状になってこぼれ落ち、パンダになる。それに対し、「塗るまつげ」は、漆黒の液がフィルムに変化してまつ毛を包み込み、パンダになることはない。また、この表現は、「つけまつ毛」をも連想させ、塗るだけでつけまつ毛をしたような効果も期待させる。

ヤマサ醤油も、「創業以来、受け継ぎ育ててきたこうじ菌『ヤマサ菌』がつくり出す」「独特の強い赤み」を強調し、「しょうゆは黒い。おいしいしょうゆは赤い」と「しょうゆ」と「おいしいしょうゆ」を対比させる。

新鮮なカローラと昔ながらの中華そば

新しさを求め、古さを懐かしむ

「ポカリスエット　イオンウォーター」のコピーには、「私たちの毎日を、もっとみずみずしく、クリアにしてくれる〝新しい水〟の誕生です」（大塚製薬）とある。

人は新しいモノ好きである。それまでのモノに飽きるからであり、新しいモノはよりよいと思うからである。そこで企業は絶えず新たな商品を開発する。「これが新しい歯ぐきケア」（大正製薬)、「しなやかな新種」(プジョー・シトロエン・ジャポン)と、「新しい」というコトバは販売に欠かせない呪文である。

しかし、多くの企業が次から次へと新商品を売り出してくると、そのインパクトは弱くなる。そこで企業は商品の特徴と同時に、コトバの使い方でもインパクトを強くしようとする。

これまでにない洗剤は、「新洗剤」ではなく「洗剤革命」(トータルシステム)と呼ぶ。「カローラ アクシオが新鮮だ」「サイズが新鮮だ 質感が新鮮だ 走りが新鮮だ」(トヨタ自動車)とのコピーが文字通り新鮮に感じられるのは、通常野菜などに用いる「新鮮」というコトバをクルマに用いているからである。

新しさを伝えるためには、必ずしも「新」というコトバを使う必要はない。「爽快感の歴史が変わる」(BAT Brands)タバコや、「チーズケーキの常識を変えた」(ルタオ)、「塗料の常識を変えた!」(アサヒペン)、そして「マスカラの限界を超えた」(イミュ)商品が登場する。

また、「本当に白髪染め!?」(マックス・グロー)とか「これがオイル?」(ハーバー研究所)と驚かす新商品の登場もインパクトを与える。

しかし、消費者は新しいモノを求めながらも、長く親しんだ商品に愛着を感じ、それに慣れ親しんでいるため、よほど機能や味が優れていない限り、一時そちらに気が移っても、また従来の商品に戻ってしまう。

好例は、New Coke である。「最高がさらによくなった」と新商品を宣伝したが失敗に終わり、ライバルのペプシに客を奪われた。そこで〝Classic Coke〟と命名し直して従来の製品を売ることになった。目隠しのテストでは、New Coke に軍配が上がっていたが、これまでの味になじんでおり、新しく改良されたとのうたい文句は企業の常套句だと思われたのが失敗の原因といわれている。また、ビール会社の Coors も、これまでよりも長い時間冷えているというビールを売り出し、そのときに「画期的」との表現を用いたが、市場は反応しなかった。[6]

人は新しさを求めると同時に、変わらないよさや古さ、伝統を重んじる。篠崎屋に「三代目茂蔵豆富」というブランドがある。考案者の樽見茂の「茂」と将来は「蔵」が建つようにとの願いを込めて、まず「茂蔵」ができた。この名前自体時代を感じさせるものであるが、「三代目」とつけることにより老舗という感じを出したのである。[7]

また、人は子ども時代に親しんだ味や物に郷愁を感じる。特に現代は、そういった年齢に達している人口が多いので、「昔ながらの」がキーワードとして好まれる。東洋水産は、「昔ながらのソース焼きそば」「昔ながらの中華そば」「昔ながらのみそラーメン」とシリーズ化している。

同じように、「昔なつかし」というコトバも好まれる。「昔なつかしのふりかけ」（ＤＨＣ）があるかと思えば、「昔なつかし給食カレー」（ヱスビー食品）や「昔なつかしのアイス」（オハヨー乳業）も売られる。

しかし、この「昔なつかし」は、長く売られている商品の専売特許ではない。2006年に発売が開始されたミルクジャムも、「はじめてなのになぜか懐かしい。こどもの頃、母が作ってくれたカラメルの味を思い出しました」（ピエトロ）と懐かしさに訴える。

このように人は、新しいものを求めると同時に、慣れ親しんだものがなくなることに寂しさを感じる。現実にその両方を満足させるのは難しいが、コトバで表現することはできる。「変わらないのに、あたらしい」（高島屋）である。

どこが違うか　「飲まれつづけている理由があります」

発売されて126年目を迎える三ツ矢サイダーは、「飲まれつづけている理由があります」と述べ、その「理由は透明の中にある。キレイに磨いた水をつかうこと。果実由来の香りをいかすこと。保存料をつかわないこと」（アサヒ飲料）と説明する。

理由は、常に明示されるとは限らない。小林製薬は、「最近、乾燥から肌を守る保湿成分としてセラミドが注目されていますね。セラミドとは人の肌表面で外界から肌を守っている、肌バリアともいわれる角質層の重要成分です」とセラミドに関して説明した後、「原因は、年齢と共に減っていくセラミド。だからヒフミドで……」と締めくくる。「だから」と書かれているが、なぜ「だから」なのかはわからない。理由は「……」に込められているのだろうか。

同じように、「だから」など理由を表す表現が用いられていても、必ずしも、わからないものは多い。「大事な大腸、だからザ・ガード」（興和）、「いいクルマが好きだ。男ですから」（本田技研工業）、「黒いから脂肪吸収を抑える力がある」（黒烏龍茶、サントリー）、そして、「〝あなたが作るからおいしい水〟です」（ブリタ）。

いや、理由は自分で発見してもらった方がよいかもしれない。「使ってはじめて、その理由がわかりました」（スヴェンソン）という声を紹介し、「このおいしさは食べてみないとわかりません」（サクラ印はちみつ）と、まずは食べることを勧める。いや、それでもわからない人はどうするのか。心配はいらない。「違いのわかる男」（ネスレ）が薦めてくれるのを待てばいい。

安さを売りに　理由《わけ》あり価格

安さは、購入の大きなインセンティブとなる。しかし、どこもが安さをうたえば、その中でひときわ目立つように、「超逸品が驚きの価格」（イトカワ）、「超破格値！」（ジョーシン）、「発表！

この春、劇的ＯＦＦ!!」（コナミスポーツクラブ）、「衝撃価格」（万代）、とインパクトのある表現が求められる。

神戸の郊外に「神戸北町」と呼ばれる新興住宅地がある。開発から20年以上が経ち、古くなったマンションが改築され、太平建設工業などがリノベーションマンションとして売り出した。当然、新築マンションに比べて割安である。その安さを強調するために考えたキャッチコピーが、「広がる〝神戸北町ショック〟」である。そして、「神戸を代表する成熟のニュータウン『神戸北町』で、衝撃の発表があった」との前置きの後、物件が紹介される。

しかし、「安さ」は品質の悪さを感じさせる危険もある。そこで、「ボルボ本来の魅力はそのままに、３００万円以下を実現」と、品質は変わらないとの安心を与える。また、安さの理由を説明することもある。「在庫一掃」「改装リニューアル前のＳＡＬＥ」と在庫処分のためのバーゲン。また、「日頃のご愛顧に感謝の気持ちを込めて」と区切りのよいときにセールを実施。

その中で、今よく用いられるのが、「理由ありバーゲン」「理由あり価格」（神戸阪急）といった「理由あり」というコトバである。このコトバの火つけ役になったのは「いなほ本舗」だといわれる。２００８年2月に製造過程で割れたり欠けたりして、本来は売り物にならないと考えられた商品を「こわれせんべい」として発売したところ、それが大ヒットとなり、その後そのネットのサイトでは、「訳ありバリバリ」とか「訳あり大処分」といったコトバが使われた。[8]

ベストセラーとなった俵万智の『サラダ記念日』の中に、「通るたび『本日限り』のバーゲンをしている店の赤いブラウス」という短歌がある。安さだけでなく、「今だけプライス」（日産自動車）、「3日間限定のスペシャルプライス!!」そして「お急ぎ下さい！」と期限つきであることをうたわないと客は呼べない。

しかし、常に「衝撃価格」で提供することはできない。そこで表現が工夫される。「感激プライス」や「安心価格」（万代）、「心地よい価格」（ＩＫＥＡ）、「魅力の価格」（大塚家具）、「うれしい料金」（ＮＴＴドコモ）。

高級感を演出　ザ・プレミアム・モルツ

高級感を出すことも差別化の1つである。そして、それはいろいろな方法で演出される。まずは、値段である。かつて、「ジョニ黒」と呼ばれたスコッチが、中元や歳暮の定番として人気があった。酒にかかる関税のために、国内のウィスキーに比べて高かったからである。しかし並行輸入によって、安く手に入るようになった。人気は高まらずに逆に落ち込んだ。値段が安くなったために高級感がなくなり、贈り物として適さなくなったからである。

パッケージの色彩とデザイン、また売り場も大きな要素である。トワイニングという紅茶が日本に進出した際に、この2つを巧みに利用した。当時わが国では、リプトンと日東紅茶が飲まれており、味の面では差異性を出しにくいと考えて、高級感を演出した。今でもこの企業は、英国王室御用達を宣伝しているが、当時日本では、宮内庁御用達の百貨店が高島屋であることを利用して、高島屋だけで販売を開始した。それも地下の食料品売り場ではなく、もっと上の階のギフト売り場に置き、パッケージもそれにふさわしい高級感あふれるものとした。これが功を奏し、高級な紅茶として定着して、贈り物から徐々に家庭用へと入り込んでいった。

これらの要素と合わせて、商品名とそれにつけられるコピーも、高級感を醸し出す必要がある。まずは、商品名。日本語、外国語を問わず、王室や皇室にかかわるコトバがよく用いられる。「クラウン」（トヨタ自動車）、「ハイクラウン」（森永製菓）、「エンペラドール」（ピアジェ）、「ローヤルゼリー　キング」、「王乳の華」（山田養蜂場）、「皇潤」（エバーライフ）など。「エリザベート」（エクセルコダイヤモンド）と女王の名前が使われることもある。ただ、その名を皆が知っているとは限らないので、「その高貴なる名前。ベルギー王妃エリザベートの名を冠したエンゲージリングの新作」とつけ加えることが必要である。

「エリクシール　プリオール」（資生堂）、「ブランシール　スペリア」（カネボウ）などと、「秀でている」ことを意味する語も用いられるが、最も多いのが、「ザ・プレミアム・モルツ」（サントリー）、「クロワッサン　プレミアム」（マガジンハウス）、「ファインプレミア」（京セラ）などと使われる「プレミアム」ないし「プレミア」である。ちなみにモルツの場合、最初に「ザ」がついている。英語で、〝The〟をつけた場合、「他にはない、ただ1つの」という意味が出る。

高級な金属の名も使われるが、これも使いすぎると高級感を失うので、新たな語が求められる。かつては、「ゴールド」がよく用いられたが、最近は「プラチナサライ」（小学館）などと「プラチナ」が用いられる。カードでも、「ゴールドカード」の上に「プラチナカード」が設定される。

日本語では「極限に達する」を意味する「極」を使い、わらび餅では、「極み」（笹屋昌園）、三輪素麺では、「極」（丸久）、そして炊飯器では、「極め炊き」（象印）などの商品がある。

今紹介した語は、コピーでも用いられる。「世界が認めたプレミアム」（ゼンバイザージャパン）のヘッドフォン、「日本を変えるプラチナ・ウーマン」（小学館）のための雑誌を紹介。そして、「私たちは、プレミアム・コンシェルジェ・ディーラーとして、常にお客様に対し感謝の心を持ち、そしてお客様と共に充実した生活・社会の実現を目指します。プレミアムカーライフの始まりは」、「『HANSHIN BMW』にお任せください」と誘う。

安さを売りにする場合、その理由が必要と説明したが、高級品の場合、理由は詳しく書かれない。「〝静けさ〟という贅沢」（トヨタ自動車）、「皇帝という名の気品」（ピアジェ）といった抽象的な説明、というよりイメージ先行型が多い。いや、そもそも、高級品の場合、商品の写真と商品名だけ紹介して、コピーがほとんどない場合も多い。それは、「品質をして語らしむ」（日本経済社）との姿勢である。

第　三　章

イメージを利用し、
イメージを変える

「氷の国の人」から「氷ノ国ノ人」へ

大リーグで活躍するイチローが、胃潰瘍による休場からの復帰第一声で、「胃潰瘍をひらがなで書いてくれたら、もっと柔らかいイメージになるのに」と発言をしていた。

かつてサントリーの樹氷の広告は、ロシア帽をかぶった女性の顔をクローズアップし、その横に「氷ノ国ノ人」というコピーを添えた。ライターは最初、「氷の国の人」とひらがなで書いていたが、デザイナーは、これでは冷たい感じが出ないと考え、カタカナに変更した。これにより、「氷」や「人」という文字にある刀のようなハライと一緒になって、冷たい雰囲気とエキゾチックな印象が強く出てきた、とデザイナーは述懐している。[1]

漢字、ひらがな、カタカナ

漢字、ひらがな、カタカナは、その形態的特徴で異なる印象を与えるが、同時に、これまでの使用の経緯も印象形成に関係してくる。

漢字は男性の文字、公式文書の文字であるのに対し、ひらがなは私的文書の文字、女性の文字であるとされてきた。ひらがなで書かれた最初の文学作品は『土佐日記』である。著者の紀貫之は男性であったが、女性が書いたように「男もすなる日記といふものを、女もしてみむとてするなり」と書き出す。現代でも、女性にはひらがなの名前が見受けられるが、男性にはほとんど見受けない。

明治時代、女性向けのタバコが発売された。そのパッケージには花の水彩画が描かれ、「やよひ」というひらがなの名が書かれた。[2] ダイキンが開発したエアコンに「うるるとさらら」という名称を考えたのは若い女性であった。社内では、「堅実な企業イメージを壊しかねない」との反対もあったが、結局これが当たり、企業自身の知名度も上がった。ダイキンは業務用エアコンの会社でそれまで消費者になじみがなかったが、このひらがなの商品が身近に感じさせた。[3]

カタカナは、外来語の音を表記する文字として使われた。ここから2つの効果が生まれる。1つは、日本人の外国に対する憧れから、オシャレなイメージを与える。もう1つは、音が先行して、意味に気がつきにくくなる。「内脂取る」を「ナイシトール」、「吸い込む」を「消臭スイコム」（小林製薬）とすると、外国語に由来する名かと錯覚させる。

多くの企業が、漢字が古臭い感じを与えると考え、カタカナに代えてイメージを変えることに成功した。企業名の「グンゼ」は「郡是」、「コクヨ」が「国誉」、「ゼンリン」が「善隣」という意味であることに気づく人は少ない。

また、創業者の名をカタカナ表記した例も多い。樫尾が「カシオ」、津村が「ツムラ」、梁瀬が「ヤナセ」、御木本が「ミキモト」となった。

カタカナ表記が音優先であるのに対し、漢字では、意味が重視される。「ハケンで発見！」（リバティー株式会社）というコピーがあるが、「派遣」と書いたのでは、すぐにシャレとは気づきにくい。「『臭い』が『匂い』に!? これは、驚きです」（ディーエムジェイ）では、同じ音でも漢字により意味が違うことを巧みに利用している。

また、「遥かな宝塚の眺めを愉しむ、感動の空間へ」（阪急不動産他）では、「楽」ではなく、「愉」の字が使われている。前者は「音楽」というコトバで使われるように、本来楽器を鳴らしてワイワイガヤガヤと騒ぐのに対し、後者は気が和らぐという意味で使われるからである。しかし、今は通常そのような区別はせずに、「楽しむ」が使われる。それなのに、「愉しむ」とするのは、別に理由がある。

通常見られない漢字は、高級感や贅沢感を伝えることができる。日常的な語は安っぽく、難しい漢字は高級で知的に感じられる。「山の手の『景』に佇む」（神鋼不動産）、「秀景の悠邸」（和田興産）に住むことは、「神戸を一望する静穏の山の手に住まう」（同）ことである。また、「歴史ある静謐の地に、永住の想いを描く邸」（同）もあれば、「南禅寺の閑雅に寄り添う」（ネバーランド京都岡崎、日本エスコン）邸もある、と高級住宅の広告は、難しい漢字のオンパレードである。

漢字をやめて親しみやすく　トマト銀行誕生

法により、金融機関に関しては厳密な区分が行なわれている。その1つに、相互銀行があった。これは、相互銀行法に基づく、主に中小企業を対象とした小規模の金融機関であった。そして相互銀行は、その事業が1都道府県内に限られ、従業員が300人以下の中小企業にしか融資できないなど、規制が多かった。そのため、1989年の法改正によって、規制の少ない普通銀行への転換が認められると、日本全国の相互銀行が、一斉に普通銀行に転換した。

しかし、普通銀行と違い、相互銀行は小さい分、顔の見える親しみやすい存在として機能してきた。1銀行となってしまうと、大きな都市銀行との間の差異性が見えなくなり、結局、より大きな銀行との競争に負けてしまうと考えられた。そこで思いついたのが、銀行名を親しみやすくすることであった。

「呉相互銀行」は「せとうち銀行」に改称し、その後「広島総合銀行」と合併して、現在は「もみじ銀行」。「滋賀相互銀行」は「びわこ銀行」へ、「東陽相互銀行」が「つくば銀行」、その後「関東銀行」と合併して「関東つくば銀行」となっている。さらに、「兵庫相互銀行」は、様々な経緯を経て「みどり銀行」、そして「みなと銀行」へと改称してきた。

すべて、それまでの漢字使用という慣習から抜け出し、身近なコトバをカタカナやひらがなで表記することにより、親しみやすさを残した。その代表が、「山陽相互銀行」から改称した「トマト銀行」である。この名は、トマトの持つみずみずしく新鮮で、明るく健康的なイメージが、その目指す企業イメージとピッタリ合うということで発案された。変更当時は、カタカナの銀行が珍しい時代であったため、その名は全国的に新聞・週刊誌などに取り上げられ、その年の流行語大賞（新語部門・銅賞）にも選ばれ、知名度を高めた。

英語＜フランス語＜イタリア語　シュペリエルとウーノ

外国語の魅力は、それが指し示すモノをすぐには想起させず、外国の美しいイメージを想像させることに由来する。したがって、多くの人が英語を学び、その意味を理解し始めると、その魅力は減少する。なじみのない英語や英語以外の外国語が求められるようになる。

集合住宅は、「アパート」から「マンション」へと表現を変えて新たな憧れを生み出した。しかしこれにも慣れてきたので、「マンション」を超えるレジデンス」（住友商事他）と、違う英語を使用することも行なわれ、フランス語で「家」を意味する「メゾン」やイタリア語で「城」を意味する「カサーレ」が使われ始めた。

化粧品でも同じである。「デラックス」が乱用されてその魅力を失ったために、「ドルックス」（資生堂）とフランス語読みが使用された。英語の「スーペリア」もよく使われていると思えば、同じ意味のフランス語「シュペリエル」（資生堂）を使用する。

最近は、フランスと並んでイタリアもオシャレな国として若者に人気である。それを利用して、現在イタリア語がよく使われるようになってきている。

「男のナンバーワン」といった思いを男性化粧品に込めるために、「ファースト」や「ワン」ではなく、「ウーノ」（資生堂）と命名。「プレミアム」や「プレスティージ」はすでによく知られているので、「プレミオ」（トヨタ自動車）や、「プレステジオ」（マルマン）が使われる。そして、仏壇にまで、そのモダンさを出すために「未来」を意味する「フツーレ」といった語が用いられる。これは英語読みすれば、「フューチャー」である。

イタリア語は、日本語と同じように、子音と母音の組み合わせからできているので、知らない語でも、イタリアっぽく感じるから多用されるのだろう。

音のイメージ　　うるるとさらら

ダイキンの「うるるとさらら」という商品名は、2つの造語の組み合わせであるが、「うるおい」を与える加湿機能と「さらっとした」除湿機能を持っていることを感じさせる。[4] ある音が特定のイメージを与えるのは、その音を持つコトバが影響していると考えられる。

「緑サラナ」（サンスター）は、8種類の野菜と2種類の果物をブレンドしたコレステロールを下げる健康飲料である。野菜と果物の入った「サラダ」が脂ぎったカラダを「サラッと」してくるような感じを与える。「サラファインインナー」（ユニクロ）も、肌にべとっとつきやすい夏に「サラっと」した感触を感じさせる。

花王の歯磨き「クリアクリーン」は、「きれい、清潔」を意味する2つのコトバからできて、汚れを落とす効果を感じさせる。この2つの語の共通の「クリ」を使えば、「クリア」や「クリーン」を連想させる。「クリネックス」がそうである。

こういった音を巧みに利用しているのが、チョーヤ梅酒である。私の子供時代には、梅酒は家庭でつくるもので、夏になると前の年に母親や祖母がつくって保存していた梅酒に氷を入れて風呂上がりによく飲んだ。その梅酒を商品として売り出す際に、「サラリとした梅酒」という特徴を打ち出した。また最近は、とろけるような黒糖梅酒を「とろりんちょ」という音で表現。また、梅酒ソーダを「ウメッシュ」と命名。「年寄りくさい」「ダサイ」といったイメージを一新する上でカタカナ表記も効果があった。「ッ」という促音を入れたことが大きい。ソーダを飲み終えた際の爽快感がこれで表されている。[5] しかし、なぜそのようなことが起きるのだろうか。

実は、どの言語であれ、ある特定の音が特定のイメージを想起させることがある。この現象を「音象徴」と呼ぶ。フワフワとした雲の絵と、爆発を表すギザギザの絵を示し、この2つの形の名が、〝maloma〟と〝takata〟だとする。どっちがどっちの名前かと尋ねると、ほとんどの人が、前者が〝maloma〟、後者が〝takata〟と答える。ツンツンと尖った形は尖った音を、ふわふわした形はふわふわした音を思い起こさせるからである。また、大きいものや粗いものには長い単語、鋭いものや素早いものには歯切れのいいスタッカート調の単語が当てられやすいといわれる。[6]

先ほど紹介した「サラ」の「サ」の音だけでなく、「すべすべ」や「するり」のように「ス」という音も滑らかさを示す。これは、［s］の持つ音声的特徴が原因で、英語でも、〝slide〟や〝swift〟などと滑らかさを表す語の多くが、［s］で始まる。[7]

音象徴が言語を超えて存在していると、国ごとに名称を変えるという苦労もいらなくなる。P&Gの住居用モップの〝Swifter〟は日本でも「スイフター」、スズキのクルマは、欧米で〝Swift〟、日本でも「スイフト」で、流れるように作業が進んだり、クルマが走ったりする感じを与える。

色のイメージ　**白と黒**

「純白」の、また、「白無垢の」花嫁衣装というように、白は、汚れがないこと、また、「美白」というコトバに表されるように、古来日本人女性の美しさを連想させる。女性に関する表現が多いが、「白馬の騎士」など男性に関しても用いられ、正義の味方という意味が込められる。

また白は、あらゆる色と調和し、配色を明るく、軽く、クリアに見せるといわれる。このため白は、女性化粧品、ベビー用品、肌着、そして冷蔵庫、洗濯機などの家庭電化製品やそのパッケージに用いられる。[8]

しかし、実際に白色にしなくても、〝WHITE ESSENTIAL〟（CHANEL）を発売し、「品格の真っ白Tシャツ」（ドゥクラッセ）などと、「白」というコトバを、商品名や、そのコピーに用いるだけでも、同様の効果が生まれる。

米焼酎「しろ」（白鷹）は、「キレイな味でキレイな香り。食材そのものの味と香りを壊さず、むしろおいしく引き立てます」と、「白」の美しさや混じりけのなさを効果的に利用する。

これと対照的に黒は、汚れや邪悪、そして不吉を示す。黒は喪服の色であり、「ブラックリスト」や「ブラックマーケット」という表現もされる。この白と黒の対照は、「スピリットの幸せをクリーンに、ピュアにねがう。White Ceremony（儀式、礼儀）そう呼ばれるサービス業でありたい」「黒いお葬式から白いお葬式へ」というモアライフのコピーによく表れている。

しかし1920年、シャネルが黒いドレスを発表し、「黒はエレガント」という美意識を植えつけた。革新的なデザイナーの間では魅力的となった黒であったが、一般にはまだ浸透していなかった。[9]「1967年8月・MG5の黒の時代はじまる」というコピーが提案されたが、「黒は縁起悪い」との社会通念にまだ染まっていた時代で、資生堂社内では反対が多く、結果、単に「MG5の時代はじまる」となった。[10]

しかし、1980年代には、日本のデザイナーが斬新な黒のファッションを発表して、「カラス族」が出現し、黒は、ファッショナブル、都会的で洗練されたというイメージを持つようになった。また黒帯に象徴されるように、力や権威も示す。[11]こういった流れの中で、アメリカンエクスプレスやダイナーズが、最高ランクのカードとして、ブラックカードを発表するに至った。

現在「白もの」と呼ばれる家電にも、「黒」の語が使われ始めた。タイガー魔法瓶は、好評の炊飯器「土鍋釜」の上位機種として「土鍋釜・黒」を発売し、パイオニアは、「かつてない黒の表現」「高画質は『黒』から始まる」とうたい、プラズマテレビを〝KURO〟シリーズとして発売した。

また薩摩焼酎も、黒麹仕込みであることに関連させ、「黒の中のくろ。コヅルのくろ。無骨である。まっしぐらである」（小鶴くろ、小正醸造）とか、「これぞ、本格。されど、軽快。美味、黒丸に逢ふ」（黒丸、サントリー）とうたう。

白が女性的であるのに対し、黒は男性的といえる。サントリーは、清涼飲料水や茶飲料では珍しい黒のパッケージに黒のネーミングを採用して、「黒烏龍茶」を発売したが、これは、新商品への感度が低い中高年の男性に新しさをアピールするためと、まじめで自信のある商品ということを意識させるためだと述べている。[12]

地名のイメージ　アラビアの真珠と成城石井

水はタダといわれたわが国でも、ペットボトルに入った水を買う時代となった。数えきれないほどの種類が市場に出回ってる。これらの味の違いを言い当てるのは至難の技である。その中で決め手となるのは、どこの水かである。富士山、六甲、屋久島、日田天領、霧島といった地名が出てくる。外国であれば、アルプス山脈、ピレネー山脈も売りとなる。しかし、必ずしも有名でなくても良い。「エパーの故郷はフランス東部・ヴォージュ山脈。1873年に源泉が発見されて以来、今なお、この広大な自然の中で育まれている」（大香）とのコピーだけで十分である。

地名はイメージ操作の上で重要なものである。思い出してみれば、かつて喫茶店から靴、アクセサリーの店まで、「ロンドン」「パリ」「ワシントン」と多くの外国の地名が使われていた。中でも有名なのが、今なお使われている「アラビアの真珠」（イノダコーヒー）である。異国情緒漂う「アラビア」と美しい「真珠」の組み合せが、コーヒーのおいしさを感じさせる。

今は実際にこういった国に出かける人は増えて、漠とした憧れの気持ちも小さくなってきているが、ニュージーランドは自然の美しさ、フランスは美容、ドイツはビールの本場と匠の技、マンハッタンは夜景の美しさといった、個々の地名が持つ具体的なイメージは、未だに広告に有用である。そこで、「ニュージーランドの美しい大草原から〝とびっきりおいしい〟はちみつが届いた！」（サクラ印はちみつ）、「フランス生まれ、小豆島育ちの美容オイル」（小豆島ヘルシーランド）、「ザ・マスター」（アサヒビール）、「大阪マンハッタンをどうぞ」（ラハイナコーポレーション）といったコピーやブランドが誕生する。

日本国内でも、各地名がいろいろなイメージを持って、それがビジネスに利用される。日本マクドナルドの第1号店は、当初、神奈川県茅ケ崎にと考えられたが、初代社長の藤田田氏が、「日本の消費文化の中心は何といっても銀座」と、銀座を主張した。そして、歩行者天国が始まったときに銀座に開店。ミニスカートやジーンズの若者がハンバーガーをほおばりながら歩く様子をメディアが「おしゃれ」と伝えて人気沸騰した。[13]

前述の男前豆腐店も会社登録をしてから、まず直営店の場所の選択を始めた。神戸の六甲と東京の二子玉川という2つから後者を選択したが、いずれも高級住宅街であり、そこに店を置くことで高級なイメージがつくことを狙ったのである。[14] 最近は関西にまで進出してきたスーパーマーケットの「成城石井」も、「成城」という街のイメージが上質の製品が揃っていることを感じさせる。

コトバによるイメージ操作　伊右衛門と云う

日本的なものには、日本の美しさや古い伝統を連想させる名称がふさわしい。

京都の企業「一杢」は、和漢植物を素材とした自然派基礎化粧品を売り出し、その商品を「京乃雪」と名づけた。雪の白さは肌の美しさを連想させるので、化粧品では、「ディオールスノー」などとよく用いられるが、それに「京都」が冠され、よりいっそうの美しさを連想させる。

芋といえば薩摩、今の鹿児島である。「芋のうまさが澄みわたる」本格芋焼酎を、アサヒビールは、「さつま司」と命名。

しかし何といっても、日本のよさを連想させるネーミングでの成功は、「伊右衛門」（サントリー）であろう。この名前は、老舗茶舗である福寿園の創業者の福井伊右衛門から来ている。今の私たちは、この創業者を知らないが、その名をつけることにより、工場でつくっているにもかかわらず、昔ながらの伝統的なお茶の味を感じさせる。メインターゲットは40〜50代の男性。発売同時期に映画「噺う伊右衛門」が公開され、話題になった。

しかし創業者の名がもし、福井与兵衛だとしたら、これほど売れただろうか。「伊右衛門」という名は、有名な有田焼の陶芸家である「柿右衛門」をも連想させ、名人芸的な製法を思い浮かばせる効果もあったであろう。さらに、発音すれば、「イエモン」となり、「ポケモン」で育った若者にも非常に親しみやすい響きを持っていたといえる。

連想を与えるのは名前だけではない。コピーでも同様の効果を与えられる。「飛ぶクラブを、ＫＡＴＡＮＡと云う」というのは、ＫＡＴＡＮＡというゴルフクラブのコピーである。そばには武士の姿が写っている。「刀」ではなく英語表記になっているが、「言う」でなく「云う」という古字を用いることにより、昔の日本人であるサムライの強さを感じさせる。

薩摩酒造は、「神の河」の新聞広告で、方丈記の一節を引用し、「しかも、もとの水にあらず」と大きく書いている。古典と文語体の一節も伝統や古さを表すのに効果的である。

ＥＸって何？　アリナミンＥＸとムヒアルファＥＸ

薬の名称には最後にアルファベットがよく用いられているが、その意味をわかって購入しているだろうか。

多くの人は、それは成分を示していると考えている。たしかにそういったものもある。「ハイチオールＣ」（エスエス製薬）はビタミンＣ、「ルルアタックＩＢ」（第一三共ヘルスケア）は、イブプロフェン、アセスＥ（佐藤製薬）はビタミンＥが含まれていることを示す。

それでは、「アリナミンＲ」のＲは何だろう。商品説明には、「リセットしたい、今日の疲れに」と書かれているところを見ると、おそらく「リセット」のＲであろう。また、「アスパラ目薬モイストＣＬ」（田辺三菱製薬）は、コンタクトレンズ用、「サンテＡＬクール」（参天製薬）はアレルギー用と、用途を意味することもある。

アリナミンには、他にもＡ、Ｖといったアルファベットが用いられているが、これらの文字は、薬の名称として広く用いられている。「アフタッチＡ」（佐藤製薬）、「イブＡ錠」（エスエス製薬）、「Ｖロート」（ロート製薬）といった具合である。Ａは、アルファベットの最初であるところから「一番」が、そして、Ｖは、Ｖサインや〝vitamin〟（ビタミン）、〝vigor〟（活力）から元気な様子が連想される。

しかし、とりわけ薬に多いのがＥＸである。アリナミンにも「ＥＸプラス」があるが、他に、「ムヒアルファＥＸ」（池田模範堂）、「メンタームＥＸクリーム」（近江兄弟社）、「アクティオＥＸＣｏＱ10アミノ酸」（アサヒフードヘルスケア）、「サイバーホワイトＥＸスキンケア」（エスティローダー）、「ノコギリヤシＥＸ」（小林製薬）、「アルガード鼻炎ソフトカプセルＥＸ」（ロート製薬）、「ドリエルＥＸ」（エスエス製薬）、「スコルパＥＸ」（武田薬品）、「エアーサロンパスＥＸ」（久光）、「ソフォンＥＸ」（ベターライフ）、「マカＥＸ」（サントリー）といった具合である。

そして化粧品や歯周病対策の歯ブラシにも、「サイエンススリムＥＸ」「ビッグパワードリンクＥＸ」「石漣花ゴールドドリンクＥＸ」（以上いずれもドクターデヴィアス）、「デンターシステマＥＸ」（ライオン）と使われる。

以上紹介したのは、すべて高級な商品である。ＥＸがつくことにより、高級感を与え、それに伴い、他の商品に比べて一層の効果を期待させる。なぜだろうか。

Ｘ線が発見されて以後、Ｘの文字をつけることにより、進歩した科学技術の成果であることを示すようになった。その好例が〝Pyrex〟（コーニング）である。これは火にかけても使えるということがうたい文句であった。他社でも生産している耐熱ガラスであったが、この名を使用することにより、新しい技術で開発された画期的なものと考えられた。〝High Heat〟(高熱)、〝Sturdiglas〟(頑丈な硝子)、〝Duraware〟(耐性商品)といった名称では、これほどの効果は生まれなかったであろう、といわれる。[15]

他にXを使用している商品名、企業名としては、〝Timex〟、〝Xerox〟、〝Exxon〟がある。EXは、Xの文字、X字形のものを意味し、同時に、〝extra〟や〝extreme〟といった「極上」を示す語、さらには〝executive〟(エクゼクティブ)といったステイタスを示す語を連想させる。そこから高級感が生まれる。

XやEX以外にも効果や効能を感じさせる文字はいろいろある。〝Esso with HTA〟という添加物入りのガソリンが発売されると、大評判となった。HTAがどういうものかは知らないが、何か新しい効果的な成分が含まれているのだと考えたのである。[16] ライバル会社は、後に続けとばかりに、〝Chevron with F-310〟、〝Pennzoil with Z-7〟、〝Stud oil with ZDP〟といった商品を売り出した。いずれも消費者に意味は不明であるが、「きっと科学的で画期的だろう」と思わせたのである。

第四章

ネガティブからポジティブへ

死亡保険は生命保険

いいにくいことをいわねばならないとき、直接いわずに遠回しにいう、イメージのよいコトバでいい換える、という方法がとられる。こういった婉曲用法が用いられるのは、まずはカラダや生理的活動に関してである。

そして、その方法は4つある。[1] まず、人間のカラダの表現を他の表現に「移す」ことである。死ぬことを「旅立つ」と表現するのもその一種である。

次が、いいにくい行為やモノを隣接関係にある行為やモノに「ずらす」ことである。トイレでの行為を、その後で行なう「手洗い」と表現する。行為が時間的にずれるのに対し、モノの場合、空間的にずれる。局部を、そこを含む「下半身」のようにその周辺を含む全体で表現する。

3つ目は、より幅広い意味に「ぼかす」ことである。先ほどのトイレでの行為を「用足し」といったり、女性の月経を「生理」と呼ぶのがこれに当たる。また、癌は、「腫瘍」や「ポリープ」などともいう。妊娠も性にまつわる行為であるところから、「おめでた」といわれる。

そして最後が、反対の意味に「ひっくり返す」ことである。結婚式では、「閉じる」を嫌って「お開き」といい、保険会社は、死亡に備えた保険を「生命保険」と呼ぶ。

時代は変わり、今は「死亡保険」とか「がん保険」というコトバが堂々と使われているが、やはりまだまだ婉曲用法が求められる。肥満体の男性には「恰幅がいい」、女性には「ふくよか」というういい回しが用いられる。そして、こういった体型に合う服の売り場の名称にも気を使う。男性の場合、これらの人の服は、「キング&トール」(大丸神戸店)のコーナーで売られる。

大きな体型を気にするのは男性よりも女性である。その人の服の売り場には、不快感を与えないような名前が必要である。サイズの違いを、「レディフラワー」と「レディプリティ」(大丸神戸店)とか、「モアサイズ」と「チェリーサイズ」(そごう神戸店)というように分けている。

晩婚でなく大人婚

年齢をどう表現するか

私の住む神戸の大丸百貨店では、婦人服売り場を、ヤング、ヤングアダルト、キャリア、ミセスと分け、そごう百貨店では、ヤング、キャリア、ミッシー、ミセスと分けている。これらは、20代、30代、40代、50代にほぼ該当するのであるが、女性客に年齢を意識させない名称が使われている。

仕事に従事する女性が増え、結婚の平均年齢は上がってきている。それを受けて、「人として大人であるふたりの結婚」を「大人婚」と名づけた雑誌「25ans ウェディング大人婚」(アシェット婦人画報社）が発売され、「〝30歳というリミット〟を意識」しがちな働く女性に「咲かせたい『30代の花』」という意味で「ミサキ」（ＰＨＰ研究所）が創刊された。

年齢を気にするのは女性だけではない。後期高齢者医療保険制度をめぐって大きな反発が起きたが、内容もさることながら、この名称も不満の要因であった。先ほど、婉曲の方法の1つに、ピントを外してぼかすやり方があると紹介した。この名称は、まさにその逆をしている。われわれは皆いつまでも若いつもりでおり、年老いたことを知らされるのは嫌なものだ、ということを忘れてはならない。

かつて、人生は、青年期、壮年期、そして老年期と分けられた。しかし、「老」というコトバはいかにもイメージが悪い。そこで、「熟年」や「シルバー」といったコトバが登場してきた。医療制度で使用された「高齢者」というコトバも、悪いイメージを払拭するニュートラルなコトバとして生まれてきたのであるが、必ずしも評判がよくないのは、「高齢」という日本語が年齢をいやでも意識させるからであり、その点英語の方がよいイメージを与えるようである。

高齢者向けの住宅に関しては、「シニアタウン」「シニアライフ」「シニア向け」と「シニア」というコトバが好まれている。英語の〝senior〟は、年齢が上という意味だけでなく、「高い地位にある」ことを意味する。

しかし、定年後の人生を送る住まいの提供には、ただコトバのいい換えだけではなく、より積極的な意味づけが求められる。西日本ビル株式会社が開発した美奈宜の杜は、「アクティブシニアタウン」と呼び、そこが「成熟した大人のための街」であることを説明し、「本当の生きがいをみつける旅を、『余生』とは呼びません」と断る。「アクティブ」は、前向きな姿勢を見せるものとして好まれるようで、大阪ガスも「アクティブライフ箕面」を売り出している。

また、長生きを願って、それを企業名に組み込んだ日本ロングライフは、「ロングライフ芦屋」、「ロングライフ甲子園」といった介護老人ホームを展開する。

また歳を取ると病や死の不安がつきまとう。その不安を取り除くために「安心」というコトバは必須のものとなる。「不安な時代だからこそ、安心の『サンシティ』へ」（ハーフ・センチュリー・モア）。「将来の安心は今、手にしておきたい。60歳代の安心　70歳代の安心　80歳代の安心」（大和システム／近鉄不動産）。

真逆のコトバを使う婉曲があることを指摘した。「不安」に対する「安心」、「死」に対する「生」は保険業界でも欠かせないコトバとして使われている。アリコジャパンは「すこしであんしん終身医療保険」を提供し、アフラックは「『生きる』を創る」のである。

葬儀は自分らしさを出す最後のチャンス

死から始まるモアライフ

イギリスの作家イーヴリン・ウォー（Evelyn Waugh）が、1948年に〝The Loved One〟（翻訳題名は『囁きの霊園』）という作品を発表している。「最愛の人」とは「亡くなった人」の婉曲的表現であり、この作品は人間の死をもビジネスチャンスと捉えるアメリカの巨大葬儀産業を風刺している。

この作品の中で、葬儀の依頼者が業者から、〝internment or incineration〟と尋ねられ、その意味がわからないので聞き返すと、〝buried or burned?〟といい返されるという箇所が出てくる。つまり、「埋葬」と「火葬」を日常的ではない語でいい換えている。またすでにこの時代に生前予約を勧めているが、それは、〝Before Need Arrangements〟、つまり、「必要になる前の準備」と呼んでいる。

しかしここでは、そのような依頼者に対する配慮からだけではなく、依頼者の虚栄に訴えかけるように、巧みにコトバを操る。遺体の処理には数種類があるが、その最高級を、〝insarcophagusment〟と呼ぶ。〝sarcophagus〟とは、ギリシア・ローマ時代の碑文などを刻んだ精巧な装飾の施された石棺であり、翻訳では「大理石棺」と訳されている。

また墓地はゾーン制になっており、それぞれに名がつき、それにふさわしい美術品が飾られる。値段が高いほど、名も美術品もよくなることはいうまでもない。一番安いのが、〝Pilgrim's Rest〟（巡礼者の憩い）で、一番高いのが、〝Lake Isle〟（湖島）、そしてその他に〝Lovers' Nest〟（愛の巣）がある。

この本の出版から60年が過ぎた日本でも、葬儀は大きな産業となりつつある。「死ぬ」ことを「亡くなる」、「死者」を「故人」、「死体」を「遺体」、そして死者を「葬る」ことを「見送る」と婉曲語を用いて悲しい事実を隠そうとするだけではなく、この事実に正面から向き合い、よりポジティブに捉えようとする。

企業の名前も変わってきた。「人生の最後の日、その日からはじまる、もうひとつの人生を見守りつづけたい」と「モアライフ」と名づけたり、「思い出のときを演出する」という意味で、「メモリアルアートの大野屋」と名づける。

そして、「美しいお別れを―」（公益社）とエンバーミング（遺体をキレイにすること）を勧める。生き方と同様、死に方も、その人を表すという姿勢が見られる。

「その人らしく穏やかな表情で旅立ってもらいたい」（公益社）、「葬儀を特別意味のあるものに、〝世界で一つだけのもの〟」（公詢社）にしたいとの思いを込め、「『その人らしさ』を出すオリジナルな葬儀」（鈴木葬儀社）を提供するとうたう。

ウォーの小説にも見られた生前予約も、「自分の死生観を家族に目に見える形で残す」（鈴木葬儀社）ものであり、その名称も、「私の人生、私が主役」と「自身の葬儀の形や規模を、生前に決めて手配する事ができ」る「アイシステム」（公詢社）や、「安心と納得」を与える「アンシア」（メモリアルアート大野屋）など、工夫が凝らされている。ちなみに「アンシア」は、「安心」とかけているが、スペイン語で「心づかい」を意味する。

墓地は終の棲家　南向きと眺望が売り

告別式は本来、その名の通り、別れを告げるための儀式であるが、遺族は式の進行と接客に追われ、悲しみに浸る間もない。かつては、自宅に客を招き、十分なお別れの時間を持っていたが、住宅事情もあり、今やそれができる家庭は少ない。

このような現状を踏まえ、メモリアルアートの大野屋では、お葬式のためのリビングルーム＝「フューネラルリビング」を開設した。そして、それを「リビング葬」と名づける。しかし、考えてみれば、「リビング」とは「生きている」という意味であり、それが葬儀という反対の意味の語と一緒になっている。さほど違和感がないのは、「死」により「生」が終わるのではなく、別の「生」が始まると考えているからであろう。

「終の棲家」というコトバがある。これには「最後の安住の場」という意味と同時に、「死後に住むところ」という意味もある。また生きている間に住んでいるところを「仮の宿」と呼ぶこともある。

ここから、現世は短く、来世に永久の人生を送るとの考えが読み取れる。その考えのもとで、住宅が墓に変わる。

そう考えると、墓のうたい文句にも納得がいく。アピールするのは、「駅徒歩約2分」「お車をお持ちでない方に最適です」と墓参する遺族の利便性だけではない。「園内から最高の眺望」、「全区画が陽当たりの良い南向き」（神戸六甲霊園販売協力会）、「海の見える御堂」（瑞龍寺）、「全面南向き」（神戸聖地霊園）と、現世の住宅と同じく、南向きと眺望が売りとなる。

しかし、誰にとっても死は恐怖であり、墓地の売り込みは、それを意識させる結果となる。そこで、別の説得も必要となる。「そろそろ、お墓のことを考えてみませんか。あの人らしい素敵なお墓」と、ここでも「自分らしさ」を出す最後のチャンスと呼びかけ、同時に、「生きている間にご自身のお墓を建てることを『寿陵《じゅりょう》』と呼び、大変めでたく長生きされるといわれています。それは安住の地をご自身で選ばれたという安心感からくるのかも知れません」（光明寺墓地公園）

と死を遠ざけて安心感を与える。

そして生きている間、自分らしさを出すためにクルマや住宅を買ってきた人にとって、永遠に眠るその場所も、自分にふさわしいものをと願うのは当然である。

墓苑はそのニーズに応えるべく、「桜の下、花々に囲まれた聖地」である「桜下庭園樹木葬エリア」、「広大な芝生のじゅうたんに並ぶ、個性的な洋風墓碑」の並ぶ「本格的芝生墓地エリア」、「御影石張りの通路」のある「和風墓地エリア」（京都天が瀬メモリアル公園）とバラエティに富む選択肢を提供する。

生理を陰から陽へ　生理の日はアンネの日

「土俵に女性を上げない」ことが問題になったことがある。女性の月経を不浄と見る考え方は古くから存在しており、かつては、月経の際には、母屋から離れた小屋で1人で過ごすことを強制された。

時代が流れ、不浄視は薄らいできたが、恥ずかしいという気持ちは払拭できなかった。したがって、「お客さん」「月のもの」、そして単に「あれ」というように呼んでいた。

その処置は、昔は紙や布を当て、その上に、男子のふんどしのように木綿を丁字型にしたものを自らつくって使用していた。明治になってからは、それに脱脂綿が加わり、丁字帯が、「衛生帯」「月経帯」として売られ出した。その商品の1つは、「ゴム製猿股式月経帯」と呼ばれた（「猿股」とは、今でいう「パンツ」である）。昭和に入り、「フレンド月経帯」「メトロン月経帯」「ノーブルバンド」が発売された。

商品としてのタンポン第1号は、桜ヶ丘研究所（現エーザイ株式会社）が発売した脱脂綿を圧縮した砲弾型の「さんぽん」である。ところが、「女の神聖な場所に、男以外の物を入れるとは何事ぞ」と医師たちの猛反発を浴び、戦時下の物不足もあり、発売は中止された。戦後も長く、脱脂綿を当ててその上から黒い月経帯で押さえるような処置が取られた。これは相当不快だったようで、仕事にも支障が出た。そのため、労働基準法は、生理日の就業が著しく困難な女性に生理休暇を与えることを認めた。

このような時代、アメリカでは、紙綿性の「パッド」をガーゼで包み、それをベルトに吊るす「テックスタイプ」が主流であり、中でも「コーテックス」と呼ばれる商品が人気で、日本でもアメ横や一部のドラッグストアで手に入れることができた。

しかし、あくまでコーテックスはアメリカ女性を対象に作られた物で、日本女性にはサイズが合わない。そのようなときに、坂井泰子という女性が、生理用品を商品化することを企画した。

まずは企業名をどうするかが問題となり、多くの案が出たが、最終的に「アンネ」となった。それは、『アンネの日記』の中で、生理は、「不愉快だし、鬱陶しいのにもかかわらず、甘美な秘密を持っているような気がします」と書かれていたためである。ここには、日本における暗く陰鬱な月経観とは対照的な月経観が見られる。生理を「苦痛」ではなく「喜び」、「陰鬱」ではなく「明朗」なイメージに変えるためにも、この「アンネ」が格好な名称だと考えられた。

そして商品名は、「アンネナプキン」とした。当初は「アンネパッド」という呼称を考えたが、「パッド」の3文字よりも「ナプキン」の4文字の方が座りが良く、これに決定した。そして、「40年間お待たせしました！　いよいよアンネナプキン登場」というキャッチコピーとともに発売を開始した。アメリカに遅れること40年、やっと日本の女性も快適な生理用品を手に入れることができるようになった、とのメッセージである。

爆発的な売れ行きとなり、一部の顧客は、生理日を「アンネの日」と呼ぶようになり、それを知った会社は、「〈アンネの日〉と決めました！」を新しいキャッチコピーとして採用した。

このアンネ社の広告は、雑誌広告賞を10年間に10回受賞している。生理用品を「小さな肌着」と定義づけ、ナプキン（N）とパンネット（P）の使用を「N ＋ Pファッション」と呼んでオシャレ感覚に訴えた。

このアンネナプキンが発売されたのは、高度成長期であり、女性の社会進出を支える上で大いに貢献した。これまでの女性は、生理日での仕事は苦痛であり、漏れも心配であった。しかし、アンネを使用すれば、「8時間が気にならない、いつも明るい私」に変わることができた。またこれまでは、外出の誘いがあっても適当な理由をつけて断り、家でじっとしていた女性も、「誘われても迷わない、いつも活発な私」に変貌していくのであった。

こういった広告により、これまで日陰にあった生理用品をおおっぴらに雑誌やテレビで宣伝することができるようになったが、コトバ遣いはまだまだ慎重であった。生理やメンス、ましてや月経などといったコトバは使われず、「月に一度の煩わしさ」といったぼかしの表現となった。また「血」というイメージの強い語は絶対に用いず、「日と量によってお使い分けください」とだけ表現した。[2]

そのようなときに、ユニ・チャームは、マリリン・モンロー主演の「お熱いのがお好き」を下敷きに、大胆にも研ナオコに「まだお厚いのがお好き?」といわせた。これも、イメージを陰から陽に転換する戦略であった。

また、販売チャネルを薬店系からスーパーや化粧品店系の流通雑貨系にシフトし、生理用ナプキンを「薬」から「日用品」へと変身させたことも、暗いイメージの払拭に役立った。今はテレビで堂々と、生理用品のＣＭが流されている。[3]

ＥＤのブランド化　ナイアガラからバイアグラ

男性の精力剤の広告では、「威龍」「狼男」「夜王」などといかにも効果が出そうな名がつけられている。しかし、新聞のコピーでは、直接的に効果は説明せず、すでに述べた「ぼかし」の手法がとられる。

「男性の元気に!!」「パワーがみなぎる！」（養蜂堂）、「あの頃のように、深く愛せる」「強い男でいられる」（日本直販）、「もう一度、若々しいときめきを」「60代、男は色褪せしない」「いつまでも情熱を持ち続けたい男性へ」（サントリー）、「自信がよみがえっています」（小林製薬）、「愛に定年はありません。いつまでも男と女で。愛する気持ち、持ち続けましょう」（サントリー）、「『男の復権』に夢をかけ」（小林製薬）などと説明する。

性的能力がない人に対して、英語、日本語ともに「インポテンツ」「不能」とぼかす表現を用いた。これが逆に人間として「無能」であると感じさせ、惨めな気分にさせることになった。

新しく登場したのが、〝erectile dysfunction〟（勃起不全）、縮めてＥＤという用語である。この医学用語的響きは、口に出す恥ずかしさを取り除いただけではない。それは、この現象が年齢とともに生じる自然現象ではなく、病気であり、薬によってそれは治療できるという考え方を植えつけることになった。

ファイザー製薬は、この用語とその背後にある意識を浸透させ、同時に、その治療薬として「バイアグラ」を発売した。そのために、EDをブランド化したといわれている。

「バイアグラ」(Viagra)は、「精力」を意味する〝vigor〟と有名な北米の滝ナイアガラ(Niagara)の合成語である。これを飲めば、カラダに精力がみなぎり、ナイアガラの滝のようにその勢いが、滔々と流れ落ちるイメージを抱かせる。

しかし、これにより、「勃起達成能力の欠如であるインポテンツが、『満足な性行為の遂行にふさわしい勃起を達成し、これを維持する能力の欠如』であるEDに取って代わられた」のである。つまり、従来の不能者は、可能か不能かのいずれかで線引きをした。しかし、EDは、まったくできない重度のEDと、ときどきできる中程度のED、普通はできる軽度のEDと、等級をつけた。

いったい性的能力において何が正常といえるだろうか。親切にもファイザーは、ペニスの機能不全を測定できるようにしてくれる。問診表とアンケートで、膨張の程度(剛性)、貫通度(パートナーに挿入する能力)、維持能力、行為遂行の満足度を自己診断できるのである。自信を持って正常といえる男性は、どのくらいいるだろうか。そして、不安な人にはバイアグラを飲むという「治療」が勧められる。

実際、定義の変化により、アメリカでは、インポテンツの数は当初の3倍になったというデータもある。そして、ぼかす婉曲用語が、本当の病気である勃起不全と漠然とした不満の勃起不快との線引きをも、ぼかしたといわれる。

ファイザーは次に、「ロマンスの薬、バイアグラ」とのコピーでキャンペーンも展開し、この薬がロマンスを約束すると誇張した。生理用品は女性の社会進出に貢献したが、バイアグラは、男性の非社会的行動を促すことになるのではないか。ファイザーは、バイアグラは媚薬ではない、との警告を出すことが必要になった。

また、ファイザーは、「男らしさの薬、バイアグラ」とのコピーも使用した。「不能」が人としての能力がないように感じさせて、新しいコトバを求めたはずが、これでは、ＥＤに悩む人は男らしくないという宣伝を広めていることになる。[4]

呼び方を変える　カプセルホテルを超えたファーストキャビン

人材派遣市場が、バブル期に急速に成長した。派遣される人は、「一時的、臨時的」な雇用であったために、「テンポラリーセンター」と名づけた企業があった。ところがそのうち、企業は、優秀な派遣社員を正社員として雇い始め、派遣社員もそれを目指して働くようになってきた。そうなると、「テンポラリー」の名はふさわしくないと思われるようになり、「人」を意味するラテン語を参考にした「パソナ」に改名した。[5]

このように、名前が表す事柄が社会的にネガティブに見られるようになると、名前を変えてポジティブな面を強調しようとする動きがある。

アメリカで、〝gambling〟(ギャンブル)は、「悪」と考えられるようになり、これを売り物とするラスベガスのような観光地のイメージが悪化した。そこで、〝gambling〟に代わり〝gaming〟(ゲーム)といい換えて、家族連れの観光客を取り戻した。[6]

わが国のビジネスでも、同様の現象は見られる。誰しも、住宅を買うなら、中古よりも新築をと思うが、当然その分値段が張る。そこで、「中古」の表現をせずに売ろうとする。

大規模マンションの一棟を、まるごと再生して、「リノベーションマンション」(太平建設工業)として提供する。役目を終えた展示場のモデルハウスを廃棄せずに再利用するのが「リユースハイム」(セキスイハイム)。

コストや地球環境問題の面から好ましいのは、リフォームも同様である。「愛着はそのままに、強く美しく甦る」「新築そっくりさん」（住友不動産）と紹介する。

「カプセルホテル」といえば、狭い、安い、そして女性にとっては少し不安という印象が強い。しかし、これよりも狭い飛行機のファーストクラスは、エコノミーと比べてゆったりとし、高級感があり、女性は安心して眠りにつける。このことに気づいて、「コンパクト&ラグジュアリー」をコンセプトとした「ファーストキャビン」という名の新しいタイプのホテルがつくられた。小保満理社長は、「高いのではなくラグジュアリー。狭いのではなくコンパクト」と説明する。

第　五　章

気づかせ、意識を変える

コップの水は、半分空か？　半分入っているか？　「学ぶのではない。楽しむのだ」

使用するコトバが意識を変える。私の親の世代は、モノを買うのはお金を貯めてからという意識が強く、借金を恥ずかしいと思っていた。「ローン」というコトバができ、その意識は薄れた。その結果、消費者ローンに追われて破産する人が出てきた。今「ローン」は、「借金」と同じネガティブな語となった。

しかし、「クレジット」は、この考え方をガラリと変えた。そもそもこの語は「信用」を意味し、これを持てる人は信用のある人と考えられている。そして、「ゴールド」「プラチナ」「ブラック」と借金できる額が大きい人ほどステイタスが高いという意識を植えつけた。

コップの水が半分のとき、水の入っていない部分に注目すれば「半分空」と表現し、入っている水に注目すれば「半分ある」となる。同じ現象をポジティブに見るか、ネガティブに見るかより表現が異なる。売り込みでは、当然ポジティブに表現する。

発売と同時の完売を期待したが思うように売れなかった住宅を抱えても、悲観的になる必要はない。いよいよ『『残りわずか！』』となりました」「お急ぎください」と購入を勧めればよい。

この住宅も、多くの人は出来あいの一戸建てや間取りの決まったマンションの部屋を買う。そういったときに、「こだわりをもつ、貴方へ。オンリーワンの邸づくり」と顧客の希望を取り入れたデザインの住居の提供を呼びかける。それは、従来の「住宅を買う」こととの違いを際立たせ、「買いますか、それとも創りますか」（日本エスコン）との二者選択を迫る。

また、住宅を含め建物を解体する業者も、「解体するのではない。創っている」（ナベカヰ）のである。「壊すことで、新たな創造を生む」のが「解体」であり、それにより、「誰にとっても心地よい空間を創っている」のである。そして、「壊す力は、生む力」と主張する。

カルチャースクールが人気を呼んでいる。しかし、学ぼうとしても、学校時代のおもしろくなかった授業や三日坊主に終わった計画などが思い出されて、決心がつかない人もいる。その人たちには、「学ぶのではない。楽しむのだ」（NHK出版）と呼びかける。

どのように位置づけるか　「充電池」でなく「使い捨てない電池」

「チェンジリング」という映画がある。子どもがすり替えられるという実話に基づくものである。誘拐された子どもが見つかったと連絡を受けて母親は喜んで出かけるのであるが、まったく別の子であった。何度も警察に訴えるが、ミスを認めたくない警察は、その訴えを無視するどころか、とうとう母親を精神病院に送り込む。支援者のお陰で彼女はそこから解放され、警察を相手に裁判を起こす。彼女が病院に「放り込まれた（thrown）」と責める彼女の弁護士に対し、担当刑事は「送り届けた（escorted）」のだと弁明する。

母親と担当刑事が警察から精神病院まで一緒に行ったことは双方が認めているが、それに対する思いが異なり、描写が違ってくる。モノの描写についても同様である。みかんの入っていた木箱も、ある人にとってはゴミであるが、別の人にとっては選挙演説用の演台となる。

そう考えていくと、同じモノでも、その位置づけ方により、有意味になったり無意味になったりするのであり、ビジネスでは、どのように意味づけるかが腕の見せどころとなる。「テスター」と呼ばれる電流を測る小型の計器がある。これも、少しのアイデアで大変身する。

任天堂の横井という社員は、これを男女の愛情を測る機械「ラブテスター」に仕立て上げた。男女が手をつないで、空いた手でそれぞれ電極を握ると、ふたりの相性がわかるというふれ込みであった。愛情がある男女が手をつなげば、緊張して汗をかき、電気抵抗が低くなるから、抵抗の度合いで愛情が測れるというのである。[1] その真偽はともかくとして、ここで指摘したいのは、ただの電流計を愛情測定器と位置づけることにより購買意欲が湧くという事実である。

似たようなことが、オムツにもいえる。ユニ・チャームは、赤ちゃんのオムツを販売している。しかし、オムツは2、3年しか使われない。何とかこの使用期間を延長できないものかと考えた。

そして、「トレパンマン」と名づけての販売を開始した。おしっこの濡れを体感させ、不快感を自覚させることにより、オムツ離れを促進すると説明した。この戦略は成功し、2歳半くらいまでだったユーザーの年齢を3～4歳まで引き上げることができた。次に、おねしょ離れを促す紙パンツを考案して「オヤスミマン」を発売、これにより、5歳までがターゲットとなった。[2]

三洋電機は、繰り返し使用できる電池「エネループ」を発売したが、「充電池」でなく、「使い捨てない乾電池」と位置づけた。充電池は、充電する手間を意識させ、また、他にも多く出回っている。「使い捨てない乾電池」とすることで、お金の節約になり資源の無駄な消費を抑える画期的な新製品という印象を与えた。

思い込みを捨て去る　　デコりマスクと大人のオムツ

「デコりマスク」（川本産業）が発売された。付属の円形やハート型のキラキラシールをピンク色のマスクに自由に貼りつけ、「自分流のマスク」にすることができる。

マスクは衛生用品であり、多少不格好でもやむを得ないという意識がある。しかし、この「デコりマスク」は、マスクにもファッション性をもたらした。考えてみれば、メガネも、かつては視力を矯正するものでダサク感じられ、メガネを嫌がる多くの若者がコンタクトを求めた。しかし、今や目の悪くない人が、オシャレのために伊達メガネをかけるようになっている。

商品は、それぞれいろいろなカテゴリーに分けられ、それが多くの思い込みを生む。このカテゴリー化を崩し、思い込みを変えることでビジネスチャンスは生まれる。

ゲーム機は娯楽用品であり、子どものもの、それも過度の使用は教育の妨げになる玩具であった。しかし、任天堂DSの登場により、英単語や数学の学習をする教育機器となり、Wiiにより、健康器具にもなっていった。

歯に悪いといわれてきたガムも「歯の健康を届ける」ものとなり、「楽しみながら〝ムシ歯のない社会へ〟」向けて「毎日のキシリトール習慣」（ロッテ）を提案する。

チョコレートも、子どもや女性のための食べものであった。しかし、その「ほっとする」機能を打ち出して、「ストレス社会で闘うあなたに。チョコレートでほっとしよう」（江崎グリコ）と「メンタルバランスチョコレートギャバ」（江崎グリコ）を売り出して、仕事で忙しくする男性にもその必要性を訴える。

「胡麻麦茶」も、単なる飲料水ではない。これを、「4週間、1日1本、飲む」ことを実行すれば、「ナーンにもしていないように見えて、しっかり血圧対策しているんです」（サントリー）ということになる。

大人のオムツも、意識を変えることにより、売上を伸ばした。オムツの取り替えは、寝かせて行なう方が楽なため、装着してから腰の部分をテープで留めてパンツ状にするオープンパンツ型が主流であった。しかし、ユニチャームは、そうすること自体が、寝たきり老人を増やしていると考えた。そこで、「つける」のではなく、「はく」完全パンツ型を売り出し、お年寄りを起立してはかせようと考えた。「寝かせる」オムツから「立たせる」オムツへの転換である。

ただ発売にあたり、「完全パンツ型だから自分で着脱できるオムツ」とうたったのでは、自分で身のまわりの世話もできる、「立てる」年寄りのみが買うことになるだろう。そこで、ユニ・チャームは、それだけではなく、立てるにもかかわらず寝かされている人、また寝たきりの人も立たせる、「寝た人も起こす」オムツでありたいと考えた。そして「ライフリー　リハビリ用パンツ」という商品名で発売し、「寝たきりゼロを目指す排泄ケア用品」とのキャッチコピーをつけた。[3]

見えないものを見えるように

ナノイー除菌とナノイー美容

ナノ（nano）とはギリシャ語で「小人」を意味し、現在は、10億分の1の単位として用いられる。ナノメートル（nm）とは、10億分の1メートルのことで、このナノメートルの世界で動かす技術をナノテクと呼ぶ。

パナソニックは、早速この技術を使い、空気中の水分を超微粒子化し、それに電気を帯びさせたイオンをつくり出し、これを「ナノイー」と呼んだ。〝nano〟に〝electric〟の〝e〟を合わせた造語である。それは、その小ささのために繊維の奥まで入り込み、マイナスイオンに比べて1000倍以上の水分量を保有するという特性を持つ。その結果、美容、清潔、おいしさなどを保つ効果があるとして、ドライヤー、スチーマー、アイロン、エアコン、加湿器、空気清浄機そして冷蔵庫にまで、ナノイーを利用した商品を発売している。

これほど小さなものは、通常人の目に見えないのであるが、この動きを計測する技術も生まれている。これにより、私たちは、目には見えない世界に意識を向けることになる。

「ナノテクノロジーを駆使したナノ浸透型美容液ジェル」である「アスタリアミックスジェル」を使えば、その微粒子が「角質層にぐんぐん浸透!」して「うるおい透明感!みずみずしい艶!」(エビス化粧品)が出てくるという動きが見えるように感じられる。

この見えない世界を見せて効果を示そうとする動きが多く見られる。ユニクロは、「極細繊維が、ニッポンの下着を変える」と「マイクロフリースセット」を発売。そこでは、「極細だから、カラダに寄り添うなめらかな質感」「極細だから、繊維の表面積が拡大し、汗を素早く吸収・拡散」と説明。オルビスのリキッドルージュは、「唇の上に立体的な格子構造をつくるから、つけたてのツヤ・色が長続き」と「立体格子構造」を見せようとする。

しかし、見せてくれるのは、見たいものとは限らない。「10センチの距離から絶世肌」を生み出す「毛穴を忘れさせる〝天才（ジーニアス）〟」（ヘレナルビンスタイン）や、「毛穴の黒ずみが気になるあなたへ」「乳酸パワーが毛穴にアタック！」するラボラボ化粧品（ドクターシーラボ）をという広告は、否応なしに、自分の毛穴を意識させる。

また、洗剤を売る会社は、ご親切にも、「目には見えませんが、一日着用した肌着にはたくさんの皮脂汚れが付着しています」と教えてくれた上で、「アタックは、すばやくセンイの奥まで溶け込んで、ミクロの皮脂汚れまで、すっきり落として本来の白さに洗い上げます」（花王）と自社商品を勧める。

また、「ほこりには『見えるほこり』と『見えにくいほこり』があります。1㎜以下の見えにくいほこり、それがハウスダストです。目には見えにくいけれど、実は家中にあるのです」と家の中がほこりだらけであることを知らせた上で、「ファブリーズ　ハウスダストクリアは、布製品に付着したハウスダストをまとめて固め、舞い上がりにくくさせることができます」（P＆G）と売り込む。

「そのニオイは誰も教えてくれない」

不安と恐怖をあおる

私たちのまわりには、不安や恐怖心をあおる情報があふれている。「歯を失う原因で一番多いのがムシ歯ではなく、歯周病なのです」（ライオン）、「帰宅後のシャツがにおう。枕から父親と同じニオイがするー」（エモテント）、「昨日の焼肉・餃子、お腹からにおってきますよ」（小林製薬）、「きづかぬうちに進行する高齢者の脱水状態」（大塚製薬）、「加齢による変化が、シワ・シミだけでないことに気づいてください」（RGマーケティング）。

これを見たり聞いたりしても、すべての人が直ちに不安になるわけではない。それは人ごとだと受け流す人も多い。そんな人に対しては、「そのニオイは誰も教えてくれない」「気づいていないのは　あなただけかもしれない……」（マイケア）とか、「気づいていないのは、あなただけ！」「女性たちは男性に、気づいて欲しいと思っています」（シービック）と、早く自分もそうであることを気づくように迫る。

そして親切にも、「成人の約8割が歯周病、という事実。ご存じですか、じつは成人の10人に8人が、歯周病といわれています」（ライオン）とか、「20―30代の男性を対象に行った調査では、72％が自分または他人の『カラダのニオイの変化が気になる』と考えており、加齢臭世代ではない20―30代の男性の約4割が『自分の体臭が変化した』と感じているという結果がでた」（ライオン）とデータの裏づけもしてくれる。さらに、口臭チェッカーつき「ソラデー3」（日本直販）の歯ブラシを発売して、自分で確認もさせてくれる。

ここまでされると、さすがにじっとしてはいられなくなる人が多いが、中には、たとえ自分がそうであってもいい、何もする必要はないと動じない人もいるだろう。そういった人でも、「あなたの家族、大丈夫？　悲しみは突然やってくる」（野草酵素）といわれればどうしようもない。

一般に男性に比べ、女性は他人の目を気にする。一人暮らしの女性は、毎日の生活で常に、不安を取り除く努力をしなければならない。

まず、アタックで、「一日着用した肌着」に「付着した」「目には見え」ない「ニオイ」の「原因」の「皮脂汚れ」（花王）を取る。そして、「見えにくいほこり」（P＆G）にも効果的なファブリーズで、部屋のニオイと菌を退治する。

次は、自身の身だしなみ。まずは、「水ですすいだくらいでは落ち」ない、「『口臭』の原因」となる「舌苔」と呼ばれる「舌に沈着したもの」を「効果的に除去し、口臭の発生を防止」（ライオン）するために、「エチケットライオン」で歯を磨く。

ニオイは口臭だけではない。「大切なカレとの甘いひとときにも『匂わないかしら…』と不安な方もいらっしゃるのでは。そんな方にオススメなのが、飲むだけでバラの香りがあなたを包んでくれる」（わかさ生活）という「ソフィアローズ」を飲む。

いよいよ化粧である。鏡の前に座ったときに、「年齢を重ねるほど、日差しが怖い」「紫外線は、あなたの肌の奥に入り込み」「毎日、確かに、容赦なく」「そして、やがてはあなたの肌年齢の印象に大きな影響を与えてしまう」「それが、30代、40代の肌が抱える『紫外線問題』」（ソフィーナ）というコトバを思い出し、「この問題にきちんと立ち向かい続ける」「ソフィーナボーテＵＶ乳液」を手に取る。

身につける衣服の選択にも不安がつきまとう。「時間が経つにつれて気になるブラのズレ感」（ヘインズブランズ）をなくしてくれる「18時間つけたてのフィット感が続く」プレイテックスの「エイティーンアワー」にすべきか、「深Ｖトップスからブラがちら見えしない」「カップの継ぎ目や段差が目立たない」、そして「脇や背中にブラ線がくっきり出ない」、「最強にひびきにくいブラ」（トリンプ）にしようかと悩む。

すべてが完璧に決まったと満足して電車に乗り込み、空いた席を見つけて、結婚情報誌を読み始めようとするが、視線が気になり周りを見渡す。すると、車内広告の文字が新たな不安を彼女に与える。そこには、「えっ結婚情報誌まだ買ってるの」（サンケイリビング）と書かれている。

病気を売る　健康ではなく「未病」

いろいろ新しい病名を目や耳にする。医学が進歩して、精神や肉体の不具合の原因が突き止められ、それに対する薬や治療が次から次へと生まれてきていると考えられる。しかし、コップの水の表現で説明したように、見方は1つではない。これまでは通常であった行動やカラダの状態を異常だとみなして患者をつくり出し、薬や治療を押しつけているとも考えられる。

バイアグラは、病人を減らすよりも増やす結果となったことを指摘した。こういった製薬会社を、「薬売り」でなく「病気売り」(disease-monger)と呼ぶ人がいる。健康な人には病気であると、軽い病の人には重要であることを説きふせるのが彼らの仕事である。[4]

薬など健康を守る商品を売る立場からいえば、まずは、早めに摂取することを望む。症状が進行してからではなく、「弱り始めた胃腸に、エビオス錠」(アサヒフードアンドヘルスケア)を飲むことを勧め、「猫背は老化の始まり」(いいもの王国)と姿勢補正ベルトの使用を促し、「素肌に疲れが出始めたら、あなたもローヤルゼリー年齢です」(山田養蜂場)と注意を喚起する。

いや症状が出ていなくてもよい。「気になる時が、はじめ時」(カルピス)である。しかし、気にしない人も多い。そういった場合には、「カーッと熱くなって汗が出る」あるいは「なんだかわけもなくイライラしてる」「そんなことが気になったら、あなたは更年期かもしれません」（小林製薬）と気にするようにしむける。

必ずしも具体的な症状を書く必要もない。「最近なんとなく……」ということはありませんか、と尋ね、その「なんとなく」（山田養蜂場）に、と商品の使用を訴える。

そして、この業界は、新たなコンセプトを導入した。それが「未病」である。これまで、健康と病気という2つのコンセプトしか存在しなかったが、その間に、「病気というほどではないけれど、健康でもない状態」（養命酒）として「未病」という時期を設定。ただ、これは新たにつくった考えではなく、古来、「東洋医学では病気に向かいつつある状態を捉え、治療の対象」（養命酒）としてきたとのことである。

この戦略が当たると、いずれそのうち、生と死の間に「未死」をつくり出し、晩年は「生きている」のではなく、「死んでいない」と思わせることになるだろう。

意識の利用と変更　「オシャレね、男のくせに……」から「男の個性表現」へ

ジョンソン・エンド・ジョンソンが傷口に塗ってもしみないクリームを開発した。大ヒットを期待したが、そうはならなかった。調査により、少しは痛みを感じないと効果があったように思

えないという消費者心理があることがわかった。そこでアルコールを入れてチクリとした感じを与えるようにしたところ、大ヒットとなった。これを学習した同社は、その後発売したリステリンの広告では、CMタレントにうがいした後顔をしかめて、「味はひどいが、確かに効く」といわせた。[5]

P&Gが外出先でもケアできるトリートメントとして発売した「パンテーンデイタイムリペアエッセンス」にも同じ手法がとられた。外出先では太陽の光を髪に浴びるために、より強い補修効果が求められる。そのためには油成分を増やすことが必要になるが、べとつきが不快感を与える。しかし同時に、べとつきがないように水状にすると効果がないように思われてしまう。そこで、容器に入っているときにはクリーム状の用液が手に取った瞬間から水状に変わるというトリートメントを開発した。[6]

この2つのエピソードは、消費者が持つ意識を変えることは難しく、その意識を利用して成功した例である。しかし、意識を変えて、それで大きなビジネスチャンスをつくり出した例も多い。

男性のタバコ市場が飽和状態になれば女性にもタバコを吸わせ、逆に女性の化粧品市場がこれ以上拡大できないと考えると、男性の市場を開拓した。しかし、そもそも女性の化粧にも、かつては大きな抵抗があった。1926年にアメリカで子育ての親を対象とした「Parents」という雑誌が創刊されたが、創刊誌では、せっかくの若い肌に化粧をする娘にどう対処すればよいかといったことが書かれている。そもそも、顔を塗るのは年老いた売春婦であり、化粧はごまかしである、といったネガティブな考え方が根強くあったのである。[7]

化粧品会社は、そういった意識を変えて売上を伸ばしてきた。わが国でも男性化粧品の販売は、そういった古くからある意識との戦いでもあった。「オシャレね、男のくせに……もうひと昔まえのコトバです。清潔な感じって、いいわ！　アピールのポイントはこれです。」（資生堂）。これは、1959年の広告に使われたコピーである。そして男の身だしなみとして定着し始めた1968年、今度は、「MG5は単にみだしなみの必需品ではありません。これからは男性の個性表現がますます積極的になる時代です。MG5はその口火を切るとともに、ルートでもあるのです。」（資生堂）と、また意識の変化をもたらした。

よそと違うことをする　〝Think small〟と〝Think different〟

長くアメリカでは、クルマは大きくなくてはならないと考えられていた。1950年代、都会では道路がクルマで混雑し出し、小型車を求める声が出始めた。しかし、消費者の意識調査を始めてみると、小型車に乗っていると他人から小さく見られると感じていることがわかった。そこで、相変わらず「大きい」ことを前面に出すキャンペーンを展開。シボレーは、新型車のドアの開閉音が「大型車にふさわしい音」と宣伝するほどであった。[8]

こういった時代の中で、小さなクルマで勝負したいと考えたフォルクスワーゲンは、〝Think small〟とのキャッチコピーで、「クルマは大きくなければならない」との常識に挑んだ。

日本では小型車は便利なものと重宝されているが、それでも、高級車は大きなものとの思い込みがある。そこで、「高級が必ずしも大きい必要はない」とか「カラダの大きさが、器の大きさとはかぎらない」（トヨタ自動車）といったコピーがつけられて小さな高級車が発売される。

創業者のスティーブ・ジョブズを追い出した後、先進的な製品のメーカーと思われていたアップル社は個性のはっきりしない会社となりかけていき、業績も落ちてきた。社に復帰したジョブズは、〝Think different〟をスローガンとしたキャンペーンを繰り広げた。このスローガンには、前述の〝Think small〟の影響が窺えるが、フォルクスワーゲンと同じく他社と違うものさしで勝負する意気込みと企業の個性が見られる。

どのような商品でも、各メーカーは、同じ土俵で争い、その結果、似たような商品が市場にあふれて、価格競争に陥る。アップルもこの悪循環に陥っていったと考えたジョブズは、「自ら土俵をつくってルールを決める」という製品づくりを始めた。[9]

この「よそと違うことをしなさい」というのは、任天堂の中興の祖である山内溥相談役の口ぐせで、それが「現在の経営陣のDNAの中に深く刻み込まれている」と岩田聡社長は語っている。[10]そして、それがDSの成功につながっている。

任天堂はファミコンで大成功を収めたが、ソニープレイステーションの発売で、一旦はゲーム機市場の王座を奪われた。ソニーはその技術力を活かし、ハードの性能をより高め、飛躍的に優れたグラフィックスを実現していった。任天堂も当初同じ土俵で争っていたが、それを見切って、まったく新しい土俵をつくったのが、DSである。技術戦争により、操作は複雑化し、それを使いこなす人たちに挑戦する形でゲーム自体もより操作が難しくなりつつあった。任天堂は、シンプルで誰でもできるという方向に舵を切ったのである。

どこの業界でも、他社の商品やサービスを追随するのではなく、まったく意識を変えることで勝負することが可能である。リハビリに励んでいる人を見ると決まって「頑張って」という。しかし、「がんばらないリハビリが、お年寄りを元気にします」と「介護事業の常識を変える」(ジャストワン)デイサービスも登場してきた。

カテゴリーにとらわれない　iPodとブラトップ

商品開発において、とかくカテゴリー化が自由な発想を邪魔する。「音楽携帯」というのが1つのカテゴリーである。そしてカテゴリーには、そう呼ぶための固有の特徴がある。音楽携帯の場合、音楽が聞けることと携帯できることである。各社は、この2つをものさしとして、より多くの曲をより鮮明に、そしてより軽くを競う。

iPodがこの「音楽携帯」というカテゴリーにとらわれなかったことは、その名称からも明らかである。音楽を意識すれば、〝iMusic〟と命名したかもしれない。しかし、アップルは、「容器」を意味する〝pod〟という語を使用し、ここに入るのは、音楽だけではないことを示した[11]。実際、そこには、ビデオやテクストなどの音楽以外のデータも入れることができる。

このカテゴリーに縛られない、カテゴリーを超える、また新たなカテゴリーをつくるという姿勢がビジネスチャンスを生んでいくといえる。そういった試みをしていると思える例も多い。

「ニュービーズ」（花王）は、「衣類をきれいに白く洗い上げるだけでなく、いい香りが長続き。お洗濯がもっと楽しくなる衣料用洗剤です」と、「香り」というものさしを洗剤に持ち込んだ。

カジュアルウェアとして提案された「ブラトップ」（ユニクロ）とそのコピー「わたしは一枚

でいく」は、「下着」と「上着」の区別をなくし、下着の上に上着を着るという常識を壊した。

パナソニックは、「私はデジカメである。ムービーでもある」と「ムービーデジカメ」を登場させ、KDDIは、「えっ、3D？ えっ、楽器？ おっ、夜でも！ 日常にサプライズは必要だ」と、携帯電話が、テレビ、楽器、そしてカメラとしても機能することを売りにする。

「おうちのキャベツでにんにく醤油」「おうちのしめじで明太子」「おうちのレタスでうに」などの「ふりかけパスタ」（永谷園）の考案も、ふりかけはご飯にという、型にはまった考え方からは出てこない。

第 六 章

目に見えるように描く、場面を描く

擬音を使う　「ぼてぢゅう」と「ほっかほっか亭」

お好み焼きのチェーン「ぼてぢゅう」という名は、鉄板で焼かれる肉厚のお好み焼きを、弁当のチェーン「ほっかほっか亭」という名は、できたてのごはんを、それぞれ見事に表している。

犬の鳴き声を「ワンワン」と表すように動物や人間の声を模した語、そして、風の音を「ビュービュー」と表すように自然界の物音を模した語を擬音語という。いずれも、単に「犬が鳴く」「風が吹く」と表現するよりも、その様子がより具体的に、鮮明になる。

それに対し、「サラサラ」というように物の状態を感覚的に表現する語や、「イライラ」というように心の状態を表す語を擬態語という。これも、擬音語と同じく、状態を鮮明に伝える上で効果的である。広告では、この擬音語や擬態語が効果的に用いられる。

バリバリ感のあるアイスクリームは「チョコバリ」（林一二）、蒟蒻ゼリーの入ったヨーグルトは「朝モグ」（森永製菓）、「指先でキュッと汚れ落ちを実感できる食器用洗剤」は「キュキュット」（花王）、手をピカピカにする消毒用アルコールは「手ピカジェル」（健栄製薬）、そして、短時間で乾く乾燥機は「アッとドライふとん乾燥機」（日立製作所）と呼ばれる。

コピーにも頻繁に用いられる。「毎日、毎日、この『痛み』」とだけ書くよりも、「チクチク痛む」「ズキズキ痛む」と具体的に書く方が、そのときの痛み感をより強く思い浮かべさせる。同じことを、女性の気にする肌の描写にも用いる。肌が「カサカサ・ザラザラ」（興和）していませんか、「古い角質が肌に溜まったままではザラつき、くすみの原因に」（クリニーク）なりますよ、と注意を喚起。

そして、いろいろな効能が紹介される。「ふわふわ泡で」洗顔すれば「肌ぷるんぷるん‼」（アミオン）。「肌にやさしい感触のぷるぷるジェルでつるつる肌を実感！」（そうかもっか草花木果）。その他にも、「翌朝のプルルン感」（オージオ化粧品）や「つるん、ふっくら、透明感」（クリニーク）、そして「塗るだけでピーンと驚きのハリ」（小林製薬）を与える商品があふれている。

頭髪も同様である。ロート製薬が「夜シュッ！」と「お風呂あがりに根元にスプレーすれば」、「朝フワッ！」と「ヘアスタイルもきれいに決まります」といえば、花王は、「フワッと浮いてピタッと決まる」（花王）とうたう。

「朝夕の空腹時、お口のネバネバ」（フレンテ・インターナショナル）が気になれば、ミントのタブレットを、「ポッコリが、気になったら」（富士フイルム）ダイエットサプリメント、「昼も夜も、外食ばっかりの毎日だったので」「ついつい、こってり、ドロドロ」（サントリー）となったときには健康食品が用意される。

食品も、「たまごがトローリ絶品オムライス！」「とろけるような絶妙の食感」の「ふわっとしたオムレツ」（キユーピー）との表現を見れば、今にも食べたくなる。帰宅途中の電車の吊り広告で「キンキン、ヒエヒエ、夏の生」（サントリー）と書かれていると、それだけで喉が鳴る。

見せる　おどり炊きとキリン一番搾り

ダイソンの掃除機が、吸い取った埃が外部から見える構造で人気を博している。「汚いものは誰も見たくないはず」という常識への挑戦[1]といわれるが、確かに埃を吸い取っていることを確認させる効果がある。

三洋電機の炊飯器「おどり炊き」は、実際には中を見せてはいないが、このネーミングで炊飯の様子を目に見えるように伝える効果を与えている。

そもそも「ごはんを炊く」とは、お米に含まれるデンプンの状態を変えることであるが、圧力をうまくかけることにより、ごはんのおいしさの素となる「粘り」が出てくる。三洋は、炊飯器内に小さな丸い玉を備え、これで圧力調整を行ない、加圧と減圧を繰り返すことで、米をかき混ぜながら沸騰させる。このとき、炊飯器の中の米があたかも踊るように見えるところから、「おどり炊き」という名称を考案した。これまでの商品名は、その効果や特色を表す、つまり結果を表現していたが、これは、ご飯が炊きあがるプロセスを表現している点で画期的といえる。

　同じようにプロセスを示したのが、「キリン一番搾り」である。松嶋菜々子に「うん、うまく搾っている」と褒められ、イチローを「うまく搾っているなあ」と唸らせる。そして、消費者に、うまさの決め手は、麦芽100％の「上質なうま味を、一番搾り製法で丁寧に引き出すから、すっきりしているのに、うま味も充分」と説明する。

　ライバル会社も負けてはいない。サントリーの「ザ・プレミアム・モルツ」は、麦芽100％だけでは本当の旨さは生まれないことを指摘し、「麦芽の旨みを抽出する『デコクション』という工程を、贅沢にも2度行なうこと」で、「あのコクを生み出している」と述べる。

　カゴメは、「野菜のぜいたくぎゅっと」絞った「やさいしぼり」では、これまでと「しぼり方を変えた」「黄金比ブレンド」と呼ぶ絶妙のブレンドでつくり上げたとうたう。ユニクロも、「非常識なジャケット」と意表をつくコピーを掲げ、それは、二百四十九もの工程を踏んでいることを説明する。

　豆腐にも製法をネーミングに入れて成功したものがある。「天然にがり製法絹ごし豆富」の「絹名人」（篠崎屋）である。発売当時豆腐に名前をつけるのも珍しかったし、消費者のほとんどは「天然にがり」が何かも知らなかった。しかし、特異な製法でおいしさを出していることがはっきりと伝わったのである。[2]

比喩を使う　「ヤクルトで腸トレ」

よく知られていないことを説明する際に、よく知っていることにたとえて理解しやすくすることがある。これを「比喩」という。遠赤外線ヒーター「サンルミエ・エクセラ」は、その効果を「日向ぼっこの優しい温もり」や「まるで太陽の温もり」（日本遠赤外線株式会社）を与えると、そして、「ディオールスノー」は「雪のようなきらめき、溢れ出す透明感」（バルファン・クリスチャン・ディオール）を出すと説明する。

「まるで」や「のように」と、たとえであることを明示する比喩を「直喩」というのに対し、ヤクルトを飲むことを「腸トレ」と呼ぶのは、たとえの手がかりを隠すところから「隠喩」と呼ぶ。

この「腸トレ」の場合、その効果をわかりやすくするだけでなく、たとえによって、主張の正当性を理解させようとする。「ウォーキングをしたり、腹筋をしたり、カラダを鍛えるのは大切なことです」と誰しもが同意することを語り、ヤクルトで「腸もトレーニングすることができるんです」と勧める。

本来隠喩とは、似ている特徴に目をつけて行なうのであるが、広告では、隠喩によってその特徴を似せる。髪の手入れも、「髪に年齢を感じたら、ヘアエステ」（花王）とエステにたとえれば、エステの必要性を感じる女性には効果的である。

「タフな情報社会を生き抜くには、1日3度の情報摂取は欠かせない」（NIKKEI goo）では、情報を得ることを食事にたとえ、食事が日に3度であるという常識を利用する。「レンズだって着替えたい」（HOYA）とすれば、用途別にメガネを持つ必要性を理解させやすい。

食べ物を利用した隠喩でいえば、「食べず嫌いやめよう。ケータイも」（ソフトバンク）も、うまいたとえである。「食べず嫌い」はよくないことと思いながらなかなか克服できない。その心理を利用して、ケータイも思い切ってこれまで使ったことのないものにトライすることを勧める。

音響効果を表す「サラウンド」というコトバをタバコの名につけた「KENTサラウンド3」は、「あなたは、もう衝撃を体感したか」「ゆさぶる味わい」と、サラウンドの持つ迫力を利用してその味を伝えようとする。

「カラダには検診を、クルマには点検を」（トヨタ自動車）や「糖締《とじ》まり用心、肥《ひ》の用心」（日本新薬）といえば、検診の必要性や、戸締まりや火の用心の大切さを知っている人には説得力がある。「クッションは痛みをやわらげる」と述べ、「その常識を、入れ歯にも」（シオノギ製薬）という手法も見られる。

レストランなどでワインの選択を手助けする人は、ソムリエと呼ばれる。この資格が人気となり、それに挑戦する人が増えているが、同時に、この「ソムリエ」というコトバも、「紅茶のソムリエ」「日本茶のソムリエ」「日本酒のソムリエ」など、いろいろな場面で使われる。そしてついに、「旅のソムリエ」（日通旅行）も登場する。これは旅行商品の名称で、「あなたにぴったりの旅をお届けします」とのメッセージを伝えている。

同じように、「ファイナンシャルプランナー」の人気を利用し、家庭教師は今や「教育プランナー」（家庭教師のトライ）と呼ばれる。そこでは、「ちょっと前まで、ファイナンシャルプランナーなんて存在しなかったように、これからは、教育のことは全部まかせられる、教育プランナーという新しい仕事が必要になってくる時代」と時代の変化を知らせ、「ひとりひとりに最適な教育を提案していくカウンセラー的な存在」と位置づける。

擬人化する　　「ハグするフレーム」

メガネの愛眼は、「ハグするフレーム」をいうコピーを考案し、「まるで抱きしめられるような掛けごこち」であるとうたう。このように、人でないものを人のように表現することを擬人法という。これもたとえの一種で、わかりにくい動きを具体化してわかりやすくする。

酵素を「からだのそうじ屋さん」（野草酵素）と呼べば、それを飲むことによりカラダの中の不純物を一掃してくれる様子を思い描かせることができる。医療保険も、「一生続く安心が、わたしを包んでくれる」（JA共済）のである。

歳を重ねると頭皮が乾いて硬くなるが、それを「髪に元気がない」（メディア・プラス）と表現して、元気を与えるために柑気楼という育毛剤を勧める。「アベンヌ」という「温泉水で肌が目覚める」（ピエールファーブルジャポン）し、「ハニーラボパック」を「塗って眠るだけで肌がよろこぶ朝がくる」（山田養蜂場）。したがって、肌が求めているものを知るためには、「肌の声は聞こえますか」（ポーラ）と問い、「世界でたったひとつのあなたの肌の声に、確かな答えを」（同）与えるようにうながす。

声を出すのは、肌だけではない。「午後のからだに、聞きました。ねえ、いま、何が欲しい？午後のからだは、いいました。リーフがくれる嘘のないおいしさ」（キリンビバレッジ）と、午後のカラダが「午後の紅茶」を求めるのである。

こういった擬人化が行なわれるのは、そのモノに対して愛着があるからであり、擬人化により、単なるモノ以上の存在であることを感じさせる。「京乃雪」という化粧品には、「もっと早く、出逢いたかった」（一杢）と悔やむ人もいれば、軟骨成分補給グルコサミン&コンドロイチンに

「やっと出会いました」(味の素)と喜んでいる人もいる。

焼酎や靴にも愛着は生まれ、「黒丸に逢ふ」(サントリー)、「この靴と出かけたい!」(ゼクウ)と感じ、住宅を替えれば、「山の手の粋と出逢う」(住友商事)こともできる。

この擬人化が商品名にも出たのが、「一刻者(いっこもん)」(宝酒造)である。「一刻者」とは、南九州の話しコトバで「頑固者」を意味し、つくり手が「薩摩の一徹な人」で、芋と芋麹だけを使用して「芋本来のうまさに頑固なまでに」こだわっていることを暗示する。そして、「こだわり続ける頑固者を応援する」と、こだわりを持つ頑固者を客層にしようとする。

具体的に描く　**「昔の服が着れるようになりました」**

失恋の歌は多い。そこで求められるのは、その寂しさをいかに表現するかである。「あなたのいない右側に少しは慣れたつもりでいたのに」(M、富田京子作詞)では、それまで常に彼氏がいた右側に誰もいないことで心にあいた穴を表す。また、「春は二重に巻いた帯　三重に巻いても余る秋」(乱れ髪、星野哲郎作詞)では、半年の間にいかにやつれたかを帯の巻き方で示す。

広告でも、このような具体性が求められる。エスエス製薬は、風邪薬の広告で、その効能よりも、風邪薬が求められる状況を具体的に示す。「私にまかせてください!　と大見栄きったプレゼンがいよいよ明日にせまっているのに?!」「やっとの思いで2人の休みを合わせた1年ぶりの海外旅行、いよいよ明日なのに?!」と、風邪で困るときランキングの上位を紹介。

ただの疲れではなく「階段を避けたくなる。そんなあなたに」（DHC）、ただの物忘れではなく「昨日の夕食が……?　あの人の名前が……?」というこんな「うっかり」（ニッスイ）な方に」と、呼びかける相手を限定。また、「昨日の焼肉・餃子、お腹からにおってきますよ」（小林製薬）と、ニオイも限定。限定は対象者をも限定するが、ここに当てはまった人にはインパクトは大きい。

そして、商品の効果も具体的に書かれる。ダイエットのサプリメントで、「昔の服が着れるようになりました」（富士フイルム）との感謝のコトバを紹介。ヘアエッセンスを使えば、「朝、ヘアピンが落ちてくるくらいサラサラヘアに！」（ヤマサキ）なることを約束する。

この、目に見えるように具体的に描くという工夫は、いろいろな方法で行なわれる。

神戸親和大学が、「おかあさんの、おかあさんの、おかあさんの、おかあさんの、頃から、女性の学校」というコピーを掲示している。高祖母というより、この繰り返しの方が、一人ひとりのおかあさんが思い浮かび、昔々の感じがする。

ｉＰｏｄの〝1,000 songs in your pocket〟（１０００曲をあなたのポケットに）というコピー

も、たくさんの曲を携帯できることを具体的に表現する。

抽象的に描く　「愛情サイズ」

「肩をぬらす　恋のしずく」（安井かずみ作詞）と始まる伊東ゆかりのヒット曲がある。題名にもなっている「恋のしずく」とは、「涙」のことである。隠喩は、目に見えないものをわかりやすく具体的に示すが、それとは逆に具体的なものを抽象的にいい換えることもある。日常的なコトバを非日常的に表現することで美化するのである。

ロクシタンのシャンプーは、「太陽のひとしずく」となり、それが「髪にキラリ」と光る。そして、同社のミスト化粧品は「恋のシャワー」となり、「恋するチカラがめざめる香り」を与える。また、生命力の強い沖縄の青パパイヤをはじめ厳選した植物素材を発酵熟成した飲料が、「萬寿のしずく」（熱帯資源植物研究所）となる。

子どもの成長を記録するためにビデオカメラが使われる。入学式、運動会、そして卒業式といった行事には欠かせなくなった商品である。そして、操作するのはたいてい父親である。しかし、父親は、仕事の都合で出席できないことも多い。そこで、代わって母親が動かさないといけないのであるが、女性には多少大きすぎる。これに気づいたパナソニックは、母親の手の中に入るサイズのカメラをつくり、これを「愛情サイズ」と呼んだ。[3]

「愛情」というコトバは、大鵬製薬も「疲れたカラダに、愛情一本」と好んで使う。チオビタも、与えるのはカラダへの滋養ではなく愛情である。そして、その愛情にも、「家族への愛情」「仕事で疲れている方への愛情」「元気になりたい方への愛情」「カロリーを気にする方への愛情」「ここ一番の愛情」といろいろな愛情があり、「あなたはどの愛情にしますか?」と尋ねる。

その他にも、うがいと手洗いだけでなく、空気中のウィルスにも注意して空間除菌剤を部屋に置くのは、「ご家族のための新しい愛情習慣」（大幸薬品）となる。具体的な表現が、漠としたものを鮮明に表すのに対し、抽象的な表現は、漠としたイメージを膨らます効果がある。

また、先ほどのパナソニックは、動くものにピントを合わせやすい装置を「追っかけフォーカス」、きれいな色を「しあわせの色」と呼ぶ。「週末は、孫の追っかけです」と孫を追う様子、家族のしあわせな様子を彷彿とさせる。ケンタッキーフライドチキンも、お子様向け商品を、それを食べた子どもの笑顔を思い浮かべさせて、「スマイルチキンセット」と命名。

2社の思惑は当たり、パナソニックは「しあわせ」に、ケンタッキーは「スマイル」となった。

商品の製造プロセスも、詳しい説明よりもイメージが先行する。宝酒造は、「11種類の厳選樽貯蔵熟成酒を13%使用」しておいしさを出すところから、これを「美味しさの黄金比率」と呼ぶ。

協和発酵バイオは、種々の「元気の源」を「ぜいたく配合」したと説明する。

そして、こうしてできた商品は、「すべて責任品質」(サッポロビール)と品質保証をする。

ストーリーを提供する　「お姫さま気分」

カタログ通販が人気である。店舗が商品を売るのに対し、カタログは商品で得られる暮らしを売る。洋服がカタログに掲載される場合、そのサイズや素材を説明するだけでなく、その「洋服を着ることで、どんな気持ちになり、どんな体験ができるのか」と「読者が想像できるストーリー」を展開し、「その服を着ている自分が容易に想像できる」ようにする。

カタログ通販の雄である千趣会は、「すべての女性のお手伝い役、コンシェルジュでありたい」と思い描き、「共感を持つことのできる生活シーン」や「ライフスタイルの提案」をしていくという[4]。

同社の出しているカタログBELLE MAISON『新生活館』を覗いてみよう。リビングを夏素材に変えて「『美』の運気を上げましょう」と呼びかける。「天然素材を取り入れ」れば「運気アップ!」となり、「心地よいソファは幸運のマストアイテム」となる。

ピローケースとベッドスプレッドの「カバーリングを変えるだけでグッとハワイアンテイスト

に」なって、「ハワイ気分」に、3万円の化粧台を買えば、「リッチな雰囲気のサロンでメイクしているみたい」に感じて、「お姫さま気分」になる。

子どもは母親の生活シーンに欠かせない存在であり、その子のための服を選ぶのは母親である。BELLE MAISON『Child』は、子供服のカタログである。カジュアルな服には「お散歩日和」というタイトルのコピーが添えられる。「太陽がまぶしい昼下がり。のんびりモードで歩きたい旅の一日。ちょっと懐かしい街なみには、こんなフレンチテイストがぴったり。たのしい思い出、たくさん、たくさん、つくろうね」と誘い、服を紹介。

そして、フォーマルな服装には「ハレの日を彩るきちんとスタイル」というタイトルのコピーがつく。「きっといつまでも想い出に残る特別な日。すてきに、オシャレに彩りたいから、親子いっしょに装えるきちんと感のあるスタイルをバリエーション豊富に揃えました」と、ちゃっかり母親にもお揃いの服を勧める。

人は、小説を読み自分をその主人公のように感情移入することができる。デパートで実際に展示している服を着て鏡を見るよりは、カタログのストーリーを読む方が、買おうという気持ちを強くする。これからは、店頭が通販カタログのようなコピーを掲示し始めるかもしれない。しかし、「臆病なあなたが思い切って大胆に」といったコピーがお客の気持ちをそそっても、顔を見られる店頭では買いにくいであろう。

第七章

時代を捉え、リードし、先取りする

時代の求めに応じる

トワイニングとコカ・コーラ

ビジネスは、その時代の求めるものを敏感に感じ取り、そこに訴えていかねばならない。

17世紀のイギリスは、「合理主義、啓蒙運動、そして理性の時代」といわれた。この時代までは、朝食の席でさえも弱いビールとワインが出されていたが、科学者、有識者、商人、聖職者など机の前に座って知的労働を行なう人々が、コーヒーを「規則正しく一日の仕事をする」上での有用な飲み物として好んだ。そしてコーヒーは、「明敏な思考を促す新種の飲み物」として普及していき、ロンドンには多くのコーヒーハウスが生まれ、そこが「酒場に代わる上品かつ知的な場所」となっていった。[1]

18世紀に人気を博したのは、紅茶である。王室で流行し始めた紅茶を一般に広めたのは、ロンドンのコーヒーハウスの経営者だったトーマス・トワイニングである。当時、コーヒーハウスには男しか入れなかったので、隣に、紅茶を専門に、とりわけ女性に向けて売る店を開いた。

ちょうどこの時期、産業革命が起こり、多くの工場労働者が生まれた。それまで農業に従事する者はビールを飲んでいたが、これだとアルコールのせいで頭の回転を鈍らせる。しかし、紅茶はカフェインのおかげで頭を冴えさせる。工場では、従業員を休ませるために「紅茶を飲む休み時間」すなわち「ティーブレイク」を設け、長く退屈な労働時間中に生まれやすい労働者の眠気を防ぎ、高速で動く機械を扱う際の集中力を高めた。[2]

しかし、この「カラダによい」「女性に人気」というプラス面が、後にアメリカではマイナスに働いた。紅茶は病人や女性のためのものという思いが強く、ある時期、消費量がコーヒーの約20分の1程度にまで落ち込んだ。そこで、「疲れた神経を休める」といった効能をうたわずに、「強く丈夫に元気にしっかり……」という文句を使用し、徐々に売上を伸ばしていった。[3]

コカ・コーラも似たような戦略転換を行なっている。禁酒の機運が高まる中、コカ・コーラは、「非アルコールの薬」「禁酒飲料」として発売された。最初の広告文は「コカ・コーラ。美味しい！　爽やか！　楽しくなる！　元気になる！」であった。しかし、薬として発売すると、その症状を訴える人だけにマーケットを狭めてしまう。そこで戦略の方針を転換し、医学的効能に力点を置かず、「おいしくて爽やかなコカ・コーラ」と清涼飲料水として宣伝した。[4]

時代を映す　アポロチョコレート

企業や商品の名前にも、流行がある。明治18年に日本郵船を退社した磯野計が、食料品の輸入業を始めるにあたり、誰よりも先に元号の「明治」を使いたいと「明治屋」と命名した。しかし実際には、それよりも少し前に、日本で最初の保険会社が「明治生命保険」（現在の明治安田生命保険）と命名していた。[5]

大正になると、元年にできた製薬所が「大正製薬所」と命名、これが今の大正製薬である。そして昭和に入り、早山石油、旭石油、新津石油が合併。昭和を代表する会社にとの想いから、「昭和石油」（現在の昭和シェル石油）と名づけた。

元号だけでなく、そのときどきの出来事やムードも、名前に影響を与えた。日露戦争の最中にタバコの専売制度が開始され、大蔵省に専売局が設けられた。そこから発売されたタバコには「敷島」「大和」「朝日」「山桜」という古来日本ゆかりの名称がつけられた。

カタカナも使われ始め、第一次大戦の終結を記念して「平和」を意味する「ピース」、日本で飛行機が初飛行した年には「エアーシップ」が発売された。そして、昭和天皇即位を記念して「昭和」、戦後新しい日本の誕生という意味で「新生」、戦後の混乱期で人々は憩いを求めているという調査結果を受けて「憩」を発売した。

また、オリンピックが東京で開かれた際には、それを記念して「オリンピアス」や「とうきょう64」が発売された。また、「セブンスター」は、アポロ11号が月面着陸に成功した年に発売。宇宙時代の幕開けを感じさせる、星がちりばめられたセブンスターは、一躍トップブランドに駆け上がった。[6]

このアポロの成功は、「アポロチョコレート」（明治製菓）も生んだ。

時代の流れに乗る　マイルドセブン

昭和30年代、「たばこは動くアクセサリー」「今日も元気だ　たばこがうまい」「生活の句読点」とのキャッチコピーで、タバコは宣伝された。しかし、その健康への害が指摘され始めた昭和50年代後半には、宣伝のキーワードは「リッチ・アンド・ライト」となり、「味・香りが豊かで、しかも低ニコチン・低タール」が売りとなり、商品名にも「キャビンマイルド」「リベラマイルド」「ピースライト」「マイルドセブンライト」「キャビンスーパーマイルド」などと、「マイルド」や「ライト」の文字がつけられた。

このライト化、マイルド化は、タバコ業界だけの傾向ではなかった。化粧品業界でも、「MG5」や「バイタリス」という液体整髪料がそれまでのポマードやチックという固体整髪料に代わったことから、ライト化、マイルド化は始まり、その後、「変身、微香性へ」（資生堂）と微香が勧められ、液体よりもさらに軽いサラッとしたヘアムースが登場する。[7]

健康志向の強い時代となった。牛乳もかつては健康の象徴のような飲み物であり、「牛乳を飲むと背が伸びる」と、盛んに牛乳が勧められた。しかし一方で、牛乳の持つ脂肪分がカラダによくないなどという指摘がされ始めると、一転して健康に悪いように感じられ、今は「低脂肪」「無脂肪」という文字がつけられる。

「ニチレイの『糖尿病食』シリーズは、『カロリーナビ』シリーズへ変わります」。これは、健康志向の流れを巧みに利用した改称である。ニチレイは、厚生労働省許可特別用途食品として、「糖尿病食」を1989年から20年間にわたり提供してきたが、その配合、つくり方、品質管理はそのままに、より一層使いやすい「カロリーナビ」シリーズへ生まれ変わると伝えている。これにより、ターゲットは糖尿病患者からカロリーを気にする人へと格段に増える。

健康志向は、人工的なものより天然、自然、有機、無農薬を好む。野菜はもちろん、薬も、「天然素材由来の栄養素が含まれ、弱った胃腸の働きを活発に」（アサヒフードアンドヘルスケア）することが売りとなり、菓子類も、「有機は環境にやさしい」「有機おかき」や「有機あられ」（植垣米菓）が登場する。

また、企業の活動やその生産する製品も、自然を壊さないことが求められる。鉄道利用は、クルマに比べて「CO_2削減に貢献する」（JR西日本）ことになり、「目的地まで、エコで行こう」（JR西日本）と呼びかける。クルマも、「グリーンマシン」「いいエコカーはシンプル」（本田技研工業）とうたい、タイヤも、「エコピア」（ブリヂストン）と名づける。時計も電池を使わずにすませば、「光を時計の動力源にする、エコ・ドライブ」（シチズン）と宣伝できる。

そしてついに、「今こそ、『環境を着る意識』を持つチャンス」「世界の為にオシャレで貢献！」（ストーリー）と、オシャレにもエコが利用される。

「生」、「熟」、可愛さ、おもしろさ　「生キャラメル」と「ごきぶりホイホイ」

かつて「生」といえば真っ先に「生ビール」を連想したものだが、最近は、タレントの田中義剛が経営する「花畑牧場」の「生キャラメル」が有名である。同じ北海道のメーカーであるロイズも、「生チョコレート」を発売して人気を呼んでいる。

商品名だけでなく、コピーでも、森永乳業のヨーグルト「ビヒダス」を食べて「生きたビフィズス菌をしっかり増やしましょう！」、サントリーのビール「ザ・プレミアム・モルツ」は、「ホップの香りは、生きている」から「ホップを低温輸送するのです」と、「生」を強調する。

しかし、「新鮮さ」を示す「生」が使われるのは食料品だけではない。製薬会社も好んで使う。ビオフェルミン製薬の薬は「すべてに乳酸菌が生きている」のであり、興和の「ザ・ガード生菌は、生きたまま大腸に届き、協力して悪玉菌を抑制」、そして、森下仁丹の「ビフィズス菌が生きたまま大腸まで届く！」。歯槽膿漏を防ぐ薬用ハミガキも「生葉」（小林製薬）に効き目がある。ただ、人は不思議なもので、前に「新しさ」と同時に「古さ」を求めると述べたが、「生」とは逆に時間が経過していても「熟」とつけば、やはり人気である。缶コーヒーも、「ファイア挽きたて微糖」（キリンビバレッジ）と同時に「D-1ブラック熟味」（ダイドー）も人気である。お茶のペットボトルも、キリンが「生茶」を出せば、サントリーは「熟茶」で対抗する。

中にはこの両方を売りにすることもある。アサヒビールは、長期熟成したプレミアム生ビール「熟選」を発売し、井上誠耕園は、「完熟オリーブの実を一滴一滴自然ろ過で搾った『生』のオイル」を提供する。

「かわいさ」と「おもしろさ」も今の時代のネーミングで大事な要素である。これまでにも「プリントゴッコ」（理想化学工業）、「たまごっち」（バンダイ）などかわいい名前の商品はあった。また、「ごきぶりホイホイ」（アース製薬）も当初「ゴキブラー」を考えていたが、再建を任されていた大塚製薬創業者の大塚正士が怪獣みたいだと反対し、かわいらしく滑稽な名にした[8]。

このかわいらしさを商品のネーミングに積極的に取り入れているのが、「ラッシュ」である。「いたずらハービー」はお風呂のお湯をマイルドにするバスボム、「みつばちマーチ」はボディソープ、そして、「いちご同盟」はシャワージェルの名前である。

おもしろいネーミングの筆頭は、小林製薬であろう。おなかの脂肪を落とすのが「ナイシトール」、トイレの消臭剤が「トイレその後に」、そして、さぼったつもりはないのに便器の水ぎわに出没する黒いラインをとるのが「トイレ洗浄中　さぼったリング」といった具合である。

足し算から引き算へ　キリン・ゼロとアサヒオフ

新製品が出るたびに、消費者の要望に応える便利な機能が次から次に追加されてくる。野球も見たいが、ドラマも見たい。それに応えて2画面のテレビが登場する。ドラマを主画面、野球を副画面にし、ひいきのチームがチャンスのときに入れ替えれば両方が楽しめる。ドラマは録画して見るという方法もある。しかし、同時間帯に2つの番組を見たいときにはどちらにすべきか悩む。しかし、2番組同時録画機能でその悩みも解決する。

この飽くなき要求に応え続け、電気製品は果てしなく多機能化していった。それはコストに跳ね返り、マニュアルもボリュームを増やし続ける。携帯電話もその代表格である。テレビも見られるし、音楽も聴ける。写真も撮れるし、最近はビデオ録画も可能となった。しかし、これらの機能のうち日常的に使うのはどれだけあるだろうか。電話とメールさえあれば、いや電話さえできればいいという要望が出てきた。そして今、多機能化が進むと同時に、シンプル化も進み、シンプルケータイが売れ筋となっている。

これまでは新たな価値を「足し算」してきたが、今それを「引き算」し始めているといわれる。[9] パソコンも不要な機能をそぎ落として低価格の商品が登場し始めた。無駄なサービスをなくす動きも見られる。段ボールを店頭に陳列し、買っても包装もしない。容器に入れての使用が必要な商品では、すべてを買い替えるのではなく、詰め替え用の中身のみ購入する。

この無駄を省く動きは、エコの面からも歓迎される。不要なものがあふれて、その廃棄に困る。世の中に無駄なものが蓄積されてきたように、私たちのカラダにも不必要なものが溜まり出した。

電気製品に新機能がプラスされていったように、食べ物も、消費者の舌をより満足させるように新しい成分が加えられ、甘さや辛さの成分もどんどん増やされていった。しかし、最近になり、それらが健康を害する可能性もあることに気づくようになった。そうなると今度は一転、何かが入っていないこと、また量が減っていることが売りとなってきた。

まず槍玉に挙がったのが糖分である。缶コーヒーは、「ジョージア・ヨーロピアン微糖」（コカ・コーラ）、「ボス・贅沢微糖」（サントリー）、「ファイア挽きたて微糖」（キリンビバレッジ）、「ワンダ金の微糖」（アサヒ飲料）などと糖分が少ないことが商品名にうたわれる。あるいは、「ジョージア・エメラルドマウンテンブラック」（コカ・コーラ）、「Ｄ・１ブラック熟味」（ダイドー）、「ボス・ブラック」（サントリー）、「ファイア・ブラック」（キリンビバレッジ）、「ワンダ・ザ・ブラック」（アサヒ飲料）と、糖分がないことがうたわれる。

そこで人気のあるのが、「ゼロ」と「オフ」というコトバである。「ワンダ・ゼロマックス」（アサヒ飲料）、「コカ・コーラゼロ」、「オールゼロ」（三ツ矢サイダー）、「キリン・ゼロ」、そして「アサヒ　オフ」。この２つの語は出尽くしたと考えたのか、「サッポロスリムス」と効果を前面に出す商品名も登場。

ゼロが好まれるのは、飲料水業界だけではない。住宅でも、「ゼロCO_2・ゼロエネルギー住宅」（ミサワホーム）、「CO_2ゼロ住宅」（積水ハウス）と、エコに結びつけて使われる。

また、コピーでは、「50％ＣＵＴしました。コレステロールを下げる」（キユーピー）、「99％プリン体カット」（キリン）、「85％《プリン体》ＯＦＦ、75％《糖質》ＯＦＦ」（アサヒ飲料）といかに下げたかを競う。

しかし、消費者は当然、その結果味が落ちるのではと心配する。もちろん、それに対しても抜かりはない。「ストロングゼロ」（サントリー）と強さを、「『うれしい！』も、『うまい！』も、ゆずらない」（キリンビール）とか「そのおいしさは、２つのオフから生まれた」（アサヒビール）と、おいしさも保証する。

時代の節目を感じ取る

「時代は変わった」

「大きいことはいいことだ」（森永製菓）と歌うCMがあった。当時は高度経済成長期で、大きくなる、成長することが歓迎された時代であった。

もちろん今も、大きさは割安感を与えて、強調され続けている。「ビッグマック」「メガソーセージ」（マクドナルド）、「ワッパー」（バーガーキング）とハンバーガーも大きさを競う。ゴルフボールの飛距離も大きくなると「メガ飛び」で、それを可能にするのが「メガシャトル」（マルマン）である。

しかし、時代は「重厚長大」から「軽薄短小」に変わってきたといわれて久しい。大きな車は燃費がかかり環境にも悪い。大量の食事は、メタボの原因となる。「大」に代わり、「小」や「少」を意味する語が流行語となっている。カレーも、大盛りよりは「ちょい食べカレー」（グリコ）、「プチカレー」（中村屋）で健康管理。整形はためらわれるが、「プチ整形」ならかまわない。根っからの悪にはなれないが、「ちょい悪」にはなってみたいと思う。

流行を抜け目なく利用するのも広告だが、広告が流行をリードすることもある。その代表が、「モーレツからビューティフルへ」（富士ゼロックス）である。１９６９年、高度成長期の勢いを表すように、「Ｏｈ！モーレツ」（丸善石油、現・コスモ石油）というコトバが流行した。しかし、すでに公害や環境汚染など、成長のひずみがあちこちに現れ出していた。富士ゼロックスは、その時代の節目を感じ取り、モーレツな生き方をやめてビューティフルな生き方をというメッセージを発した。

今も、「クルマが、大きさや、パワーを、競っていた時代もありました。でも、それは、昔のこと」（本田技研工業）、「時代は変わった。もはや、昨日までの常識は通用しない」（ＢＭＷ）と、これまでのクルマに関する価値観を変えるように呼びかける。クルマだけでなく、「もう消しゴムで筆跡をこすって削り取る時代はおわりました」（パイロット）と、消しゴムも古くなることを伝える。

そして、「ＭＧ５の時代はじまる」（資生堂）と新しい時代の到来を告げ、「一眼レフが高性能化すると大型になるのは、過去の話。これからは、『小型化』と『ハイスペック』の両立です」（ＨＯＹＡ）と新たな商品を売り込む。

「時代の節目には、いつもステートメントがある」（ＢＭＷ）と、各業界が時代の変化を絶えず告げる。大きな産業となった葬儀社も例外ではない。「今や葬儀社も、自分で比べて自分で選ぶという時代です」（コスモセレモニー）、「自分自身の死も人生の一部と考え、『縁起でもない』と一蹴する時代ではなく、生前契約・予約などについて自分自身でシナリオを残す時代だと思われます」（鈴木葬儀社）と早めの準備を勧める。

もちろん、時代に関係なく売り込みたいという企業もある。その場合には、「時代に左右されない強さがある」（プルデンシャル生命保険）とうたえばよい。

時代を先取り　「ハイブリッドを選ぶことは、未来を選ぶこと」

時代の流れをつかむ、時代をリードすることと並び、時代を先取りすることも必要である。飛ぶように売れる商品は時代の流れをつかんでおり、注目を集める商品は時代をリードしている。どちらでもない商品は、時代を先取りすればよい。

人間の中には常に矛盾する思いが併存する。皆と同じものを持ちたいという思いもあるが、誰も持っていないものを持ちたいとも思う。すでに述べたように、評判の店の前には行列ができる。その行列に加わりたいとも思うが、その列の先頭に立ちたいとの思いも強い。

「一歩先行く人には、一歩先行くクルマがふさわしい」（Ａｕｄｉ）、「ハイブリッドを選ぶことは、未来を選ぶことだと思う」（トヨタ自動車）と、「一歩先」や「未来」というコトバは、こういった思いに強く訴える。

ただ、他人の後につくのはやさしいが、誰もいないところに立つのは不安であり、迷いが生じる。その不安や迷いを取り除くように訴えることも必要である。「一歩先へ。その先を考えている人は、迷わない。変化を楽しむ人は、怖れない。自分をもっている人は、惑わされない」（Ａｕｄｉ）、「必要なものは、みんなこの箱に。未来が先取りできる。もう、迷うことなんてない」（アップル）と、「未来」のコトバは、「迷わない」というコトバとともに使われる。

このように商品のキャッチコピーでは、「未来」がときどき使われるが、この語、そして、同じような意味の「明日」というコトバは、企業のスローガンでは、欠くことのできないものとなっている。

携帯を持つ「手のひらに、明日をのせて」（ＮＴＴドコモ）、人やものを「『運ぶ』を支え 環境と未来をひらく」（いすゞ自動車）。また、メーカーは、「あしたのもと」（味の素）となる調味料や、「あしたに、あなたに」（ライオン）生活用品を提供し、流通業者は、買い物客に「日々のいのちとくらしを、『夢のある未来』へ」（イーオン）届けるのである。また、「あかりを変える」と「未来が変わる」（東芝）のである。

英語での表現も多い。〝SHIFT_the future〟（日産自動車）、〝Designing The Future〟（ＫＤＤＩ）、〝Inspire the Next〟（日立製作所）、〝Your Vision, Our Future〟（オリンパス）。企業は、

未来を見据え、未来を設計、次世代を鼓舞し、顧客のビジョンを実現することをこれからも目指していこうというメッセージである。

そして、「未来」は「夢」という形でも表現される。「Drive Your Dreams. 人、社会、地球の新しい未来へ」（トヨタ自動車）、〝The Power of Dreams〟（本田技研工業）。夢を実現するのは、クルマだけではない。クレジットカード会社も、「自分の夢に、嘘はつけない」（JACCS）という。製薬会社も「つくっているのは、希望です」（第一三共）。そして、身の回りの商品を提供することで、「おはようからおやすみまで　くらしに夢をひろげる」（ライオン）のである。

第　八　章

憧れを抱かせ、
自信を持たせる

商品を使う人を示す　「ケータイを見れば、その人がわかる」

かつてアメリカの広告業界では、「ご婦人に靴を売ってはいけない。美しいおみ足を売りなさい」といわれた。[1]今は、「ただおみ足を売ってはいけない。その人の素晴らしさを売りなさい」というべきであろう。「良い服は人を磨き、人柄は服にも、にじむ」（奈良山）と、着ている服によって、その人となりがわかるといわれる。クルマもそうである。

「レクサスＩＳ２５０Ｃに乗る人をどうイメージされますか？」「男性なら主体的に人生を楽しむオープンマインドな人。勇気と知性を併せ持ち、相手にも自然に心を開かせる人かしら。女性なら知的に遊べ、自分を演出するすべを知り、その喜びを感じられる人ですね」。これは、レクサスアンバサダー（これも工夫された呼称で、要は、レクサスの宣伝担当者）を務める元ミスユニバースジャパンの知花くららとイメージングディレクターの高橋みどりの対談の一部である。クルマは、単なる輸送の手段ではない。それは、乗る人の理想の姿を描き出す。

同様に「考えている人は、いま、メルセデス」、「成熟した大人にふさわしい」「見る目が試されるプレミアムカーです」（フォルクスワーゲン）、「大人しくない大人に、ショートプレミアム」「男の真ん中でいたいじゃないか」（トヨタ自動車）と乗ってもらいたい人を示す。

人を表すのは服やクルマだけではない。「服装より、読んでいる本より、ケータイを見れば、その人がわかる」（KDDI）。ソニーエリクソンが、「いいモノしか持ちたくないあなたに、ふさわしいケータイをつくりました」といえば、NTTドコモは、「大人のインテリジェントケータイ」や「〝自分らしさ〟がきっと見つかる」様々なファッショナブルケータイを取り揃え、それを買えば、「新しいあなたが始まる」と誘う。

ステイタスを売る　「羨望の丘に、洗練の邸」

住宅は、単に雨露をしのぐ所ではなく、一家団欒の安らぎを得る場所であり、同時に、自身のステイタスの証でもある。住宅を手に入れることで、「誇りと歓びがこみ上げてくる」（和田興産）。

住宅の広告には、「ジークレフ新神戸タワー」（神鋼不動産）、「マグノリア君影」（ヤマト住建）、「Brillia Tower 神戸元町」（東京建物他）という見慣れないコトバが使われている。「ジークレフ」が「ト音記号」、「マグノリア」が「モクレン」を意味し、〝Brillia〟が、「光り輝く」や「卓越した」を意味する〝brilliant〟から来ている、といったことは知らなくても、すでに述べたように、外国語の響きが、シャレた感じや高級感を醸し出す。

また、日本語を使用する場合でも、「麗彩館」(和田興産)、「雅心庵」(シアーズ)、「静漣閣」(タカラレーベン)と彩りや趣、そして静けさをイメージする語を利用する。

さらに、そこにつけられるコピーが、そのイメージを増幅する。新生活の始まりは、「〈新楽章〉はじまる」(阪急不動産)と表現され、そこでは、「上質が似合う大人の、駅前生活」(神戸市)や「悠久の風格、広がる眺望に酔うライフステージ」(積水ハウス)が展開する。

そこで活躍するのが、「贅」や「プレミアム」といった語である。提供されるのは、「プレミアム住戸」(シアーズ)。そして、そこで手に入るのは、「山の手のタワーという贅沢」(東京建物)、「さまざまに贅を凝らしたプレミアムな住空間」(シアーズ)である。

住宅の完成や販売も、劇的に表現される。「誇らしく」(シアーズ)、「その姿が、いよいよ登場」(神鋼不動産他)する。わがことながら、「祝・完成」(日本エスリード)と祝いたくなるほど、「堂々竣工」(コスモイニシア)する。そして、「堂々披露」(神鋼不動産他)し、「いよいよ待望の分譲開始!!」(日商エステム)となり、順調に売れていけば、「いよいよ閉幕」(日本エスリート)や「フィナーレ」(東急不動産他)となる。

また、住宅は、「ゆとりある暮らしを実現する先進住宅設備」(ジョーコーポレーション)といった質も大事であるが、それ以上に、住宅の場所が、セールスポイントとなってきている。

「六甲篠原北町、その名に名門の誉れ」（和田興産）、「憧れの大阪市北区アドレス」（伊藤忠都市開発）と、そのアドレス自体がブランドであることを知らせる。

場所自体「もてなしの歴史が息づく」（東京建物）ものでなくとも、一段高い場所は、「羨望の丘に、洗練の邸」（東京建物他）とうたえる。「夜景のひとつになるよりも、夜景をひとつ上から愉しむ贅沢」「風景のひとつになるよりも、すべての風景を独り占めにしたい」（東京建物）とのコピーは、上から景色を見下ろすだけでなく、他の住宅を文字通り見下す優越感を与える。

まだ人気のない商品を売るときの１つの手段は、将来性を訴えることである。住宅も、「次代へ誇る街に」（オリックス不動産他）とか、「この丘に、子供たちに語り継ぎたい街がある」（積水ハウス）と訴える。

これ以外にも、売りの要素はいくらでもある。利便性が悪ければ、「空と、風と、光を感じる郊外生活」（国土建設）といえばいい。「ここには、当たり前がある。おいしい天然の空気がいきる街　くうきＴＯＷＮ　神戸・藤原台」（積水ハウス）と空気や当たり前も売りにできる。

そして最後に、「ようこそ、しあわせのアドレスへ」（阪急不動産）とつけておけば満点である。

理想像を売る

Virginia Slimとセッテ

Virginia Slimというタバコがある。その名の通りスリムさを強調するような細長い、女性向けのタバコである。この商品の発売に際しては、“You've come a long way, baby.”(やっとここまで来たね)というキャッチコピーが効果的に使用された。

テレビCMでは、長いスカートをはいた女性が、はさみでそのスカートを次第に短くしていき、現代風の女性に変化していく様子が映され、「ビクトリア時代、女性はタバコを吸うのを主人に見られないようコソコソ吸っていたのに、今は堂々と吸っている」とのメッセージが流される。

広告では、タバコ自体ではなく、これまでいかに女性が閉じ込められてきたかが語られ、参政権を求めるデモの様子が映された後、その女性たちが今は解放されたことを指摘する。長く女性は、社会で、そして家庭で隷属的な存在であった。多くの商品が、それを使用することで、「解放された女性」「進歩的な女性」になることができるとうたった。[2]

わが国でも、多くの商品が、女性の解放と結びつけて売られた。ミニスカートのような大胆な服装をするのは、女性に求められていた慎ましさを捨て去ることであった。また、生理用品や避妊具は、女性の行動を束縛していた生理の煩わしさを取り除くものとして歓迎された。

このような歴史を経て、現代の女性は過去の女性とは比べものにならないほどの自由を謳歌しているが、この種の手法は今なお有効である。

トヨタ自動車の「セッテ」というミニバンは、「私たち、主婦で、ママで、女です」をキャッチコピーとして使用し、7人の女性が登場して「私たち！　輝くための7シーター」と紹介する。ここでターゲットとするのは、主婦や母親だけでなく、女性として輝きたいとの思いを持つ女性客である。

興味深いことに、タバコとミニバンには共通点がある。それはともに、それまで男性のものと思われていたことである。それを女性にも買わそうと考えたときに、一歩先を行く女性の姿を描いてみせるのである。

自信を持たせる　「持って生まれた美しさを呼び覚ます」

精神的な理想像を示すだけでなく、肉体的な理想像を示して憧れを抱かすのは、化粧品会社の典型的な広告手法である。ラックスは、これまで数多くの時代を代表するハリウッドの女優を髪をなびかせて登場させ、その名をいわせた。

多くの女性にとり、彼女たちはたしかに憧れであるが、ほど遠い存在である。今やアメリカには肌の色、顔の造り、そして体型も様々な人が住んでいる。1つの理想像を見せて、皆がそれになろうとすることはできない。

そういった中で生まれてきたのが、「自分の肌に自信を持って」（Olay）や「あなたにはそれだけの値打ちがあるんだから」（L'Oréal）といったコピーである。ここでは、別の人間になろうとさせるのではなく、現在の自分に誇りを持たせ、それをさらに磨くよう投資を呼びかける。広告でも、できるだけ普通の女性を用い、消費者に自分自身もまんざらではないと思わせる。

わが国でも、長く西欧の美しさに憧れてきたが、最近はそこからの脱却が見られる。花王は、「欧米人より約1・5倍太いあなたの髪には、それだけ美しくなる可能性が眠っている」とアジアの美しさを強調し、「東洋エナジーエッセンス配合」の「アジエンス」を発売。

資生堂も、日本語を商品名とした「ツバキ」を発売し、「Welcome、ようこそ日本へ」という歌とともに、「日本の女性は、美しい」と訴える。同じ資生堂が「マキアージュ」というブランドを出しているが、それが目指す美しさは「リアルライブビューティー＝自分自身の顔と一体化した生き生きした躍動感に溢れる表情美」であり、同時に、「TOKYOITE（トウキョウアイト）＝東京人」といったイメージをコンセプトの一部として重視したといわれる。これまでのような欧米のまねではなく、「自分のセンスや価値観に自信を持って、1人の東京人として活躍している女性」をターゲットとしたのである。[3]

「かつて、日本女性の肌は本当に美しいといわれていました」（フローラ）、その「持って生まれた美しさを呼び覚ます」（花王）のが化粧品の使命だと、日本人のプライドをくすぐる。

しかし、同じ日本人でも、やはり女優ばかりでは、自分とはほど遠いと感じるかもしれない。かつて、「エメロンシャンプー」（ライオン）は、街を行く髪のきれいな女性を後ろから映し、そこに「うしろ姿のすてきなあなた……ふりむかないで」と歌うハニーナイツの「ふりむかないで」（池田友彦作詞）が流れるテレビCMをつくって話題を集めた。多くの女性に、「私も」と思わせることが必要である。

化粧品会社や美容室、そして女性雑誌も、女性に自信を持たせようと、その表現に工夫する。化粧品は、メイクの力によって別人に変えるものではない。すべての女性に、「美女種」（マキア）があり、化粧品は、ただ「美肌力を呼び覚ます」（ESS）、あるいは「美の遺伝子を、呼び覚ます」（バイオテクノロジービューティー）お手伝いをするのである。また、美容室に行けば、「あなたの美しさが目を覚ます」（Stella）のである。

自分は無理とあきらめている人には、「あなたの肌は今以上綺麗になれます」（ロアコスモ）と断言し、「『遅咲き美人』メイク」（マリソル）を紹介。すると、「肌に潜んでいたポテンシャルに驚く」（資生堂）ことになり、仕上がり時には、「えーっ！　これが私ですか!?」（ドクタープラセンタ）と声を発するに違いないのである。

罪悪感をなくす　「カツラじゃない！　ニューヘア」

Hooverが１９３０年代に発売した新型掃除機の宣伝がある。掃除機と一緒に主人に訴えかける奥さんの写真があり、その奥さんの台詞が書かれている。「あなたが会社で働いているのは8時間だけれど、私は12時間働いているのよ。会社には、電動タイプライターなど便利なものが備わり、鉛筆も自分で削ったりしないでしょう。あなたはそうして30年代の生活をしているのに、私はまだ20年代の生活をしているのよ」。

家庭電化製品の進歩により、主婦は、家事労働の仕事から次第に解放されてきたが、最初からそれは歓迎されたわけではなかった。当時の広告代理店は、主婦たちは自分の母親ほどに働いていないという罪悪感を抱いており、便利な製品の購入によってより多くの自由を約束するようなコピーは効果的ではなく、それらの製品により、子どもたちに割く時間が多くなるなど、よりよいお母さんになれると訴えるべきだと語っている。[4]

インスタント食品が登場したときにも、罪悪感を消し去る必要があった。アメリカの家庭では、ケーキは母親が一からつくるものと思われていたが、これには、時間と労力が必要である。仕事を持って忙しくなってきた主婦向けにインスタントのケーキ粉が発売され、そこには、「ミルクいらず、水だけですみます」と書かれていた。売れ行きは思ったほどではなかった。その理由は、主婦たちが、ただの水だけでできるケーキの味に疑いを持ったためとわかり、今度は一転して、「新鮮な卵を加えてください」とのコピーを加えた。これにより、主婦は何もしないのではなく、自らも調理しているという気持ちになることができたといえる。

また、罪悪感の一掃は、甘党の人にも必要であった。アメリカ人は、ケーキだけでなく、キャンデー類も大変好きであったが、ある時期から、これらが肥満やムシ歯の原因となることが指摘され、甘い菓子を食べるときには罪悪感にさいなまれるという事態が生じた。

こうしたときに、キャンデー業界は一口サイズの小型キャンデーを発売して「ちょっと一口」と罪悪感を減らす試みをしたが、菓子の売れ行きの下落は止められなかった。しかし、これと対照的に、咳止めドロップの売れ行きが伸び始めた。これを食べる人は、薬を飲んでいるのだと自己を正当化できたからである。ドロップ業界が、この動きを見逃すわけはなく、咳止めドロップに「ハチミツ」とか「すてきな味」といった文字を印刷した。

最近流行のサプリメントについても、それに頼ることを躊躇する人がいる。そこで、「あなたの〝からだ力〟を引き出すサプリメントショップ」と銘打ち、「あなたが本来持っているからだの力を引き出すために、サプリメントを上手に生活に取り入れてみませんか？」（ヘルシーワン）と、その躊躇をなくそうと努める。

同じような手法はあちこちで見られる。カツラで髪の薄さをごまかすことを潔しとしない人には「カツラじゃない！　ニューヘア」（スヴェンソン）と、化粧はごまかすことではと思う人には「変身するのではなく、地肌からきれいにする」（ピュアロジスト）と説明し、薬への依存を躊躇する人に「頭痛は我慢したくない。でも、クスリに頼りたくないあなた」（アラクス）にふさわしい「クスリ」を勧める。

購買を正当化する　輸入退治天狗タバコからハイブリッドカーまで

ハイブリッド車が人気である。補助金や税金免除の優遇措置がある、燃費がよい、しかも静かである、という魅力もある。しかし同時に、エコに協力しているという意識を持つことができることも大きな理由である。

地球の温暖化が指摘され続けている。冷暖房を控える、無用なクルマの利用は控える、などの環境への配慮が求められる。しかし、使い慣れたエアコンやクルマの利用を急にやめることはなかなかできない。そういった人は、せめてエアコンやクルマを購入するときに環境に優しいものを選び、それで自分なりに貢献したいと考える。住宅業界も太陽光発電住宅を売り出し、「環境への負荷を減らすことができます」（ミサワホーム）と訴える。

罪悪感をなくすだけでなく、購買行動に積極的に正当性を与えることで、売上を伸ばすこともできる。明治になり紙巻きたばこが日本に入ってきた。それまでのキセルを使うタバコに比べてハイカラに感じられ、人気を集めた。そして日本でも製造が始まったが、そのとき、村井兄弟商会はアメリカ葉を使い、「ヒーロー」を発売した。それに対し、ライバル社の岩谷商会は国産葉の使用を強調し、「国益天狗」「輸入退治天狗」といったタバコを発売し、「忽驚税金〇〇圓」「慈善職工〇〇人」と国益に訴えた。

また、戦後ヤミタバコが出回っていたときには、「ヤミタバコ消して　文化の灯をともせ」「ヤミでもうけて笑っても！　重い處罰で泣かぬよう」との標語で正規のタバコの購入を勧めた。[6]

日本の自動車がアメリカの自動車産業に打撃を与えたときも、アメリカのクルマ産業は、愛国心に訴えて、クルマ産業、そしてそこで働く従業員の雇用を守るためにアメリカ車を買うようにキャンペーンを張った。

この愛国心に訴える戦略を、コカ・コーラも積極的にとった。異国の地で戦う兵士にとり不可欠の存在となったことを、逆に今度は自社のプロモーションで積極的に利用し、「アメリカの軍艦がどこへ行こうも、アメリカのライフスタイルは変わらない……もちろん、コカ・コーラも一緒さ」とのコピーをつくった。[7]

ハレの日をつくり、贅沢を正当化する　「Thanks Days」

見栄から消費する人もいれば、逆に、必要以上の消費、特に贅沢品の購入を悪だと考える人もいる。こういった人には、買うことを正当化してやることが必要である。普段始末する人でも、結婚のための指輪となると、財布のひもも緩む。

アメリカの宝石商が妙案を思いついた。男性が女性に指輪を与えるだけでなく、女性からも男性に指輪を与える交換方式にすれば、売上は倍増する。この思惑は見事に当たった。[8]今では、結婚を控えたカップルは、指輪の交換は古くからあった制度と考えて、ペアの指輪を購入する。

しかし、結婚式に交換した指輪だけをいつまでも大事にしてくれるのは、売る側にとってはありがたい話ではない。頭をひねって買い足す機会をいろいろつくり出す。

「これからもずっと、ふたりで同じ景色を見たいから。プロポーズアゲイン。Thanks Days」、「仕事卒業。永遠の感謝をプラチナに刻んで、妻へ」（田中貴金属ジュエリー）。これは、定年という区切りを、夫が感謝の印として妻にプレゼントする絶好の機会と提案している。

もちろん、夫、そして父親も、プレゼントを渡すばかりではない。「父の日に、靴下を贈ろう。子供の頃、大きくて、温かかった、お父さんの足へ」（靴下屋）と、もらう機会も考えてくれている（プラチナを贈って靴下をもらうという損得勘定はしないこと！）。

人生には、入学式、卒業式、成人式、そして還暦や古希などいろいろな節目がある。また、一年の中にもいろいろな特別の日がある。正月、男の節句、女の節句と決められた日もあれば、人によって異なる誕生日や結婚記念日などがある。そして、そのときどきで祝いなどの行事を行なう。これらの中には、古くからの風習もあるが、中には、商売のために考えられたものも多い。

最も有名なのは、バレンタインデーである。ヨーロッパで生まれた男女の愛の誓いの日であるが、女性から男性にチョコレートを贈るという慣習は、ヨーロッパにはない。日本のチョコレート会社が広めたといわれている。

そういう商売のための知恵は、今に始まったことではない。「茶柱が立つとよいことがある」というが、これも、「静岡近辺の商人が、売れ残った二番茶を売りやすくするために触れ回った」というのが真相のようだ」といわれる。節分のときに恵方を向き、太巻きを無言で食べると福を呼ぶという「恵方巻き」も、戦後、ノリ業者が消費喚起のために広めたとの説がある。[9]

今もこの手法は使われ、5月9日はアイスクリームの日、11月1日は寿司の日などと決めている。また、特定の日を限定せずに、「好きな人が変わると、好きな自分も変わる」(マドラスモデーロ)と、好きな人ができたときに、これまでと違う商品を購入することを勧める。

代理贅沢をさせる　「手の届く贅沢」

バービー人形が今なお根強い人気を持続している。これが成功した理由は、「パリ直輸入の最新ファッションを1~5ドルで別売りにしたこと」で、「まだ今日のような豊かな社会ではなかったアメリカの少女にとって、夢のようなファッションを手に入れバービーに着せることで、将来への希望を持つことができた[10]」といわれる。

野球やサッカーというスポーツは、本来はするものである。しかし、誰しもが、それをする時間、場所、仲間、そして素質を持っているわけではない。そこで、見ることによって楽しむというわば「代理スポーツ」を行なう。今紹介したバービー人形も、自らがパリ直輸入のファッションを身につけることができない者にとっての「代理ファッション」の道具である。

世の中には桁外れの金持ちがいる。広大な敷地に建つ住宅には100を超える部屋があり、車庫には数台の高級車が並ぶ。このような生活を楽しめるのはごくわずかな人である。そこで、たまに高級ホテルに滞在したり、せいぜい高級車を買うことで、「代理贅沢」をする。いや、わざわざそういったところに出かけて、高級エステを受けなくても、自宅に少し奮発して「ストレスレスチェア」を買えば、「上質なリラクゼーションへ」（エコーネス）と誘ってくれる。

しかし、これさえできる人は多くない。そこで、もっと身近な「プチ贅沢」を楽しむことになる。「いつもよりちょっぴり贅沢な気分に浸りたい」「仕事がうまくいったときのちょっとしたご褒美に」おススメなのが、「ジョージア　贅沢エスプレッソ　微糖」（コカ・コーラ）である。

忙しく働くサラリーマンは、普段コンビニ弁当を急いで食べてすぐに仕事ということも多い。レストランで食事をして食後のコーヒーを飲むような贅沢はできない。「食後の余韻をゆったりと楽しむ、上質な味わい」を望む人には、「ボス食後の余韻」（サントリー）が勧められる。100円少しで味わえる贅沢である。

このようにして、本来手の届かないと思えた贅沢を自分のものに、というコンセプトは「手の届く贅沢」と名づけられ、現在マーケティング戦略の重要なキーワードとなっている。ログハウスの別荘の購入は別世界のことではなく、「身の丈の贅沢」（ＢＥＳＳ京神）である。

少しだけ背伸びをする程度の贅沢なら許されるでしょうと、旅をするなら「ゆとりと上質にこだわったワンランク上の旅　プレミアムステージ」（クラブツーリズム）、メガネを買うなら「ワンランク上のＨＯＹＡラックス薄型１・６ＵＶ付ハイビジョンレンズ標準装備」、住宅を考えるなら「ワンランク上の『住み替えプラン』のご提案‼」（ラハイナコーポレーション）、そして、カラダの心配をするなら「ひとつ上の健康習慣へ」（山田養蜂場）、と誘う。そして、その企業自身も「ひとつ上の『品質』を考え続けたい」（沢井製薬）という。

第 九 章

ターゲットを絞る、用途を絞る

ターゲットの拡大

男性の日傘と女性の一眼レフ

新聞紙上に「男も日傘でUVカット」と題するコラムが登場し、暑い直射日光を浴びて歩く機会の多い外回りのサラリーマンや、年齢とともに紫外線を気にするようになった40～50代の人が日傘をよく使っていると書かれていた。[1]

この記事も興味深く読んだが、そこにつけられた傘の歴史に、より大きな関心を持った。ヨーロッパでは昔は、傘は女性のもので、男性は雨をコートや帽子で防ぐものと考えられていたそうである。たしかに今もその名残はあり、ヨーロッパでは、少しくらいの雨なら傘をささない人が多い。この「傘は女性のもの」という概念を変えたのは、18世紀に活躍したイギリスの旅行家、ジョナス・ハンウェーである。彼が雨よけに外国で見つけた傘をさしてロンドンの街を歩く姿は、当初奇異に思われたが、やがて傘は紳士に必携の持ちものとして認知されるようになっていった。

これは自然発生的な現象であったが、企業が意識的にターゲットを拡大して販売を伸ばした例は多い。デジカメを1人1台持つ時代となったが、一眼レフカメラは重い、大きい、難しいと感じられ、女性には敬遠されていた。その常識を一新し、50代女性をターゲットにして、パナソニックは、「そろそろ一眼あそばせ。女流、一眼誕生」というコピーで「ルミックス」を発売した。

ターゲットを絞る　「大人の女性に」

かつては年齢を超えたヒット曲があり、テレビ番組も家族全員が一緒に楽しんだ。今は嗜好が多様化し、年代や性別により聞く歌、見る番組は違ってきた。商品も、購買者を細分化し、それぞれに合ったネーミングをする。

ＭＧ５により、10代の男性にオシャレの意識が高まった。その顧客が20代になったときに、20代から30代の層を狙って「ブラバス」を発売し、その後、中高年のエグゼクティブを対象に「ロードス」、そして、その２つの間の層を対象に「ヴィンテージ」を発売した。[2]

キャッチコピーも、購買層にふさわしいものが考えられる。年齢の高い女性には、「時間と経験を積み重ねてきたからこそ現れる、自信、余裕、色香、感性。セグレタは、そんな大人の女性ならではの美しさを支えたいという願いから生まれました」（花王）と売り込む。

今の時代、情報があふれている。その中で目に留めてもらうには、受け手に対し、「あなたに語っていますよ」と思わせることが必要である。「40代のみなさん、食事を制限するより、低下した燃やすチカラを高めませんか？」（味の素）のコピーの冒頭の「40代のみなさん」を取ると、注目度は激減する。

ターゲットは、年代と性別だけではない。「脂肪の多い食事が気になる方へ」（森永製菓）、「トイレが近くてお困りの女性に」（興和）と限定することもできる。また、「好きやねん」や「うまかっちゃん」（ハウス食品）と地域を限定することもできる。

また、最近、「草食系男子」というコトバが流行語となった。「ガツガツしない、協調的で消極的な男子」を意味する。この後、逆に「競争的で積極的な女子」を意味する「肉食系女子」というコトバも生まれた。こういったカテゴリーを企業自らがつくっていくこともできる。こうしたカテゴリーづくりは、雑誌が得意としている。

「ハンサムな彼女」を特集した「ヴェリィ」（光文社）には、ターゲットとしてのコンセプト満載である。まず、「ハンサムな彼女」は、「可愛い甘さをそぎ落とした服装をしていながら、内から女らしさがあふれてくる人」である。また、男性に対しては、「仕事をバリバリこなしながら、家庭を大切にしているイケてる旦那様」や「忙しい時間の合間に、妻の手助けを惜しみなくしている男性」を「イケダン」と名づける。

また購買者を細分化するのではなく、「潤《うるお》いが恋しいこの季節　一人でも多くの女性に試してほしい自信作です」（ハウス食品）、「この季節になると、憂鬱になる。『L-92乳酸菌』のアレルケアで早めのご準備を」（カルピス）、「この季節まとまりにくい髪にストパー、ウチパー、スグパー」（ダリヤ）、「夏の、そば焼酎」（雲海酒造）と、購買時期も細分化できる。

細分化の戦略は、ターゲットを捉えて訴える力が強いだけではない。結果的に販売数量が増加する。20代のときに使っていた化粧品は30代になると不要に、去年流行の水着も今年は流行遅れ、と感じるようになる。

もちろん、ターゲットを絞り込みすぎるのはマイナスである。レナウンが、水虫や足のニオイで悩んでいる人のためにと、薬を塗り込んだ糸で編んだ靴下を「フレッシュライフ」という名で売り出した。しかし、まったく売れなかった。知名度が足りないからかと考えて改称したら大ヒットとなった。それが、「通勤快足」である。ネーミングのインパクトも大きな理由だが、テレビCMで「通勤快足は恥ずかしくないんだぞ」と恥ずかしさを取り除いたことも効果的であった。[3]そして、もう1つの理由は、最初の商品コンセプトでは、水虫や足のニオイで悩む人に限定したのに対し、新名称では、ジメジメとした蒸し暑さをなくして快適な通勤生活を送りたいと思っている人をもターゲットとしたからである。

男性用と女性用　「漲」と「艶髪」

ターゲットごとの分類の代表格は、男性と女性という性別である。様々な商品に、この種類分けが見られる。

化粧品、シャンプーそして育毛剤などボディケアやフェイスケア、さらにヘアケアにもそれが見られる。このとき、消費者を納得させるために、なぜ区別が必要かを説明しなければならない。女性のための育毛剤である「リリィジュ」（ウェルベスト）のコピーでは、「女性と男性では、薄毛になる原因が大きく異なる」ことを説明する。

また、「男の敏感肌にセンシティブローション」と「男の本格スキンケア」の「フォーメンシリーズ」を出しているニベア花王は、「女性とは違う男性特有の肌を、美しく健やかに育てるためには、男性の肌を考えて設計されたスキンケア商品を使うことが大切」で、「年齢を重ねたときに、大きな違いとして肌に表れ」ると説明する。

ツムラライフサイエンスは、モウガの生薬育毛をうたい文句にした育毛剤を販売しているが、男性用には、「漲《みなぎ》」との名をつけ、「太くみなぎる髪へ」や「毛根。より強く大きく」とのコピーを添える。髪とともに下半身にも衰えが来た男性に逞しさを甦らせることを暗示する。そして女性用には、「艶髪《あでがみ》」と名をつけ、「1本1本を太く美しくボリュームのある艶やかな髪へ」というコピーを添え、美しさをアピールする。

男女で異なるのは、肌や髪の毛だけではないようで、尿モレの原因も、「男と女で違います」

とした上で、男性には、ダンディ「粋」、女性にエレガンス「麗」（東京山海堂）の尿もれに対応したパンツが発売されている。

もちろん男女両方をターゲットにした商品も多くあるが、その中で、最近出たサントリーの焼酎「はなうた」は、「ふかいね、と夫。やさしい、と妻」というように、同じ商品に対して異なるアピールをするという工夫をしている。

ライフスタイルの指針となる雑誌 「働く女性のファッション・バイブル」

実際に服を試着してみるよりも、通販のカタログが提示する自分の姿を読む方が購買欲をそそる。鏡に映るのは現実であり、カタログが見せてくれるのは夢であり理想であるからである。

働いている男性は、歳を取るにつれて昇っていく役職で自分を定義することができる。新入社員の私、主任となった私、係長となった私、課長となった私、と意識が変わり、それに応じた身だしなみをし、立ち居振る舞いをしていく。

一方、女性はどうか。働く女性も増えてきたが、グラスシーリングという見えない差別により、男性のように登用されない人も多く、また、そもそも家庭に留まる専業主婦も多い。こういった人たちは、歳を取っていくと、どのように自分を位置づけるか。はっきりしているのは、結婚により妻となり、出産によって母親になるという区切りであり、それ以外の区切りは明確でない。そういったときに、雑誌は本人に代わって、あるべき姿を示してくれる。通販カタログで服を選んだように、雑誌が示すライフスタイルを実行することとなる。

女性雑誌の名称とコピーは、共感者を得やすく考えられ、その特集記事は、何を買い、どこへ旅し、何をすればよいかを教えてくれる。

20代から30代への変化は、女性にとり大きな節目である。仕事の楽しさ、忙しさから、結婚へは踏みきれない。そういった人に対し、「仕事して、恋して、おしゃれして、食べて、遊んで、学んで……と夢中で過ごしながらも、ふと、『このままでいいのかな』という思いが心をよぎるとき。それは〝30歳というリミット〟を意識したとき、ではないでしょうか」と指摘した後、「〝30歳〟は、リミットではなく、スタートなんだ、と」安心させ、そして、「いま、輝いている女性たちが咲かせたい」と、働く30代女子ライフのために「ミサキ」（ＰＨＰ研究所）が売られる。

その女性が40代になると、「40歳は選ぶ基準が変わる時」であると教えてくれ、「40代、もう一度女をがんばろうよ！」（「ストーリー」光文社）と励ましてくれる。そして、いよいよ50代になると、「50代は、もっと自由でいいじゃない！」「『まだ50』と『もう50』を使い分けて　ズルく、可愛く、美しく」（「ハーズ」光文社）生きようと希望を持たせてくれる。

その他、「自分らしく毎日を楽しむ好奇心いっぱいの女性のために」、「サヴィ」（京阪神エルマガジン）があり、その「サヴィを卒業した大人の女性へ」、「リシェ」（同）が勧められる。家庭にいる女性には、「すてきな奥さん」（主婦と生活社）や「ミセス」（文化出版社）があり、働く女性には、「働く女性のファッション・バイブル」の「ドマーニ」（小学館）や「ビジネスリーダーのライフスタイル誌」の「プラチナサライ」（小学館）がある。そして、「一生姫で生きていく！」人には「マキア」（集英社）が必読である。

こういった羅針盤は、最近の男性にも必要となってきた。若い男性には、「ゲイナー」（光文社）が、「上司ウケ&女子モテ服」を教えてくれ、年配の男性には、「メンズプレシャス」（小学館）が、「男の生き様は『靴』に表れる」ことを教えてくれる。

あなただけにカスタマイズ　「自分らしさを象徴する大人髪」

すべての人間にとり最も関心のあるのは自分自身であり、その自分自身がターゲットとなった広告に共感する。しかし、そのメッセージの受け手は自分だけではない。同じ年代、同じ性、同じステイタスの人が対象である。

そんな中で「私サイズの高級車」（トヨタ自動車）、「私スタイルの、おしょうゆです」（キッコーマン）、そして「自分にぴったりの眠りをつくろう」（ＩＫＥＡ）という呼びかけは有効である。

また、人は常に周りを意識し、他人にどう思われているかが不安である。さらに、消費は自分にとって、理想を表現することである。そして、普段は始末屋であっても、ハレの日には堂々と豪勢に消費しがちである。

これらすべての要素が見られるのは結婚式。すべての人は、主役を演じて、多くの観客に見られる。これは、ビジネスチャンスとして、またとない機会である。そこではどのようなコトバで囁くのかを見てみよう。[4]

まず、当日は、「花嫁は、常に見られていることを意識して、３６０度どこから見ても優雅なデザインを選びましょう」と注意を喚起する。いや、見えるところだけではない。「見えないところこそ美意識を表現すべき」として、「つま先まで完ぺきな美しさ」を表現する「きらめくジュエリーのような靴」が欠かせない。

メイクはもちろん、ヘアにも「自分らしさを象徴する大人髪」が求められる。「大切な一日だからこそ、小物や見えないところまでこだわり」「ワンランク上の花嫁を目指しましょう」。そして、「自分らしさを知る大人の花嫁には上品にさりげなく、薫り立つブーケを」選ぶように勧める。

披露宴は、ラグジュアリーホテルで行ない、「プレスティージ・ウェディングの贅沢」を味わえば、「美しいエントランスが非日常へと誘い、かけがいのない一日をスタートさせ」てくれる。

いよいよ、「永遠の美を誇るエンゲージ＆マリッジ」のリング選び。「大人の手もと」をつくるにはルールがある。まず、「ダイヤのシェイプで自分の個性を際立たせ」る。「ダイヤのシェイプが与えるイメージと内面の女性像がしっかりと結びついたとき、そのリング選びは成功したといえ」る。次に、「内に秘めた意志のある女らしさを色で表現」できる。そして、「自分だけの個性を映し出す主張のあるリング」を選ぶ。

指輪に関する助言は多い。「自分の芯の部分と共鳴するファンシーカットのダイヤモンド」を勧め、「エンゲージリングがファッションジュエリーと違うところは、核として持っている自分らしさを表現できる点。つまり、その人の物語性、生き方をプレゼンテーションすることができるのです」と説明する。

当然、ジュエリーショップの広告が並ぶ。「『世界でたった一つ』のジュエリーを創る」ことを約束する店。「デザイナーの感性とつける人の個性が共鳴する究極のリングを手がける」サロン。

しかし、リングは花嫁だけのものではないから、「ふたりらしさを追求できる美しいバリエーション」のリングが一番である。

用途を絞る　午後の紅茶

傘の話をした。この傘の誕生は約４０００年前で、古代オリエントが発祥といわれる。今も壁画や彫刻に残っているように、それは日傘として使われ、王や女王がさしかけてもらう権威の象徴でもあった。それがいつしか、雨傘としても使われるようになった。当然、日差しをよけるのと雨をよけるのとでは用途が異なるので、同じ傘で併用はできない。結果、日傘と雨傘を持つようになる。ターゲットを絞るのと同じように、用途を絞っても販売数量は伸びる。

「午後の紅茶」（キリンビバレッジ）と、飲む時間を特定した紅茶がある。同じように、コーヒーも、「ワンダモーニングショット」「ワンダアフターショット」（アサヒ飲料）、そして、「食後の余韻」（サントリー）といった商品が見られる。

また薬の業界でも、武田薬品工業は、「ＶとＲ、どこが違うの？」と問いかけ、「今、のりこえたい疲れに。アリナミンＶ」「リセットしたい、今日の疲れに。アリナミンＲ」を、と勧める。

また、興和は、「早く対処したい症状に対応していく『クイック　メディケーション』という考え方の薬群と、身体の調子を整えながら治していく『コンディショニング　メディケーション』という考え方に基づく薬群」の2つのタイプを提供する。

企業は、その販売数量を上げるために様々な工夫をする。カラーの靴下を売り出し、服装にマッチさせる。この色彩をマッチさせるという方法は、室内装飾にも用いられ、ティッシュペーパーの箱や電話も部屋ごとに色を考慮するように薦める。また、メガネもスタイルを考えて購入させる、といったことが行なわれる。[5]

ナカバヤシが、ダイレクトメールやレシートなどの部分裁断に適した、個人情報を守るための「シュレッダーハサミ」や、牛乳パックやペットボトルなどの資源ゴミを手軽に処理するときに便利な「リサイクル分別ハサミ」を売り出すかと思えば、丸美屋食品工業は、「卵かけごはん専用ふりかけ」や「納豆ごはん専用ふりかけ」を宣伝する。結果、各家庭には、用途ごとのハサミ、ごはんの種類ごとのふりかけが常備されることとなる。

アデランスは、夏専用ウィッグとして、通気性にすぐれ、冷感加工した「クールウィッグ」の発売を開始し、衣替えならぬ「カツラ替え」を勧める。

また、別の箇所で述べたように、当初控えめに宣伝していた生理用品も、世間に認知されると、通常のお出かけ用に「タウンウエア」として「アンネナプキンF」、スポーツなど活発な行動を伴うお出かけには「レジャーウェア」として「アンネスペリア」を売り出した。そして、今は

「夜用」「昼用」と種類分けが見られる。[6]

また、女性の下着についても、30代向けとして、崩れ始める体型を矯正する「ソルフェージュフィットジェル」（トリンプ・インターナショナル・ジャパン）が発売された。20代に買ってまだ着用できるブラジャーをタンスで眠らせて新たに購入する30代女性を期待する。

このトリンプ・インターナショナル・ジャパンは、バストラインを守る「おねむりブラ」や寝冷えを防ぐ「おねむりショーツ」のシリーズの発売も始めた。夜の就寝時間帯に注目した製品として他に、「発熱おやすみソックス」（美光）がある。

第十章

ルールに従い、責任を回避する

「生」って何？

「生」とつくと人気が出ることを紹介した。そのはしりは、生ビールであろう。ビールは外国から来た酒である。日持ちをよくするように、熱殺菌し瓶詰めされていた。国内で生産するようになっても、最終段階で熱殺菌して、品質保持に万全を期した。しかし、やがて熱殺菌していない生ビールを木製樽に詰め、夏限定でビヤホールなどで提供し始め、これが人気を博した。そこで、アサヒビールは、この生ビールを瓶や缶に詰めて発売したいと考えた。しかし当時の技術では、完全非熱処理では1週間程度しか品質保持ができなかったので、瞬間殺菌法を採用した。加熱する時間が極端に少なく生ビール本来の味を損なわないので、生ビールと呼んでもよいという論理を構築して、「びん生・フレッシュ」「特大びん生」を発売した。

しかし、ライバル企業からは熱処理しているビールを「生」と呼ぶのはおかしいと批判され、業界で、酵母由来のインベルターゼ酵素が活性状態である場合にのみ「生」と表示できるとのルールがつくられた。この結果、アサヒは「生」の表示を撤回せざるを得なくなった。[1]

この本の冒頭で述べたように、バラの花を何と呼んでもいいように、名前は恣意的なものであり、モノとの必然性はない。しかし、広告の世界では、コトバは自由に使えない。

広告の規制は、三層構造であるといわれる。まず、広告主の自主規制。たとえば、テレビでのCMについては、日本民間放送連盟が放送基準を設けている。広告全般に関しては、「広告は、たとえ事実であっても、他を誹謗し、または排斥、中傷してはならない」。表現に関しては、「視聴者に錯誤を起こさせるような表現をしてはならない」「医療・医薬品の広告にあたっては、著しく不安・恐怖・楽観の感じを与えるおそれのある表現をしてはならない」などと、特定分野の広告に関しても規制を加えている。

次が、厚生労働省の行政指導や、公正取引委員会のガイドライン、そして、公正取引委員会の認定を受けた各業界の自主規制である公正競争規約である。

現在「ビールの表示に関する公正競争規約」では、「熱による処理（パストリゼーション）をしないビールでなければ、生ビール又はドラフトビールと表示してはならない」と規定している。

最後が、不正競争防止法、景品表示法、商標法などの法規制である。不正競争防止法は、よく知られている他人の表示などを使用して、商品やサービスについて混同させたり誤認させたりすることを防止する。景品表示法は、商品やサービスの品質や内容などを過大あるいは不当に表示することを規制する。

上の二法が主に広告のコピーに関するものであるとすれば、ネーミングに深く関わるのが商標法である。商標とは、自社の商品やサービスを他社と区別するための標識であり、「文字、図形、記号もしくは立体的形状もしくはこれらの結合」が対象となる。これが保護されるためには登録が必要となり、先に登録することによって同じ文字や記号などを他社が使用することを防ぐことができる。[2]

むやみに強調してはいけない 「スーパー」はダメ

先ほど紹介した「ビールの表示に関する公正競争規約」では、生ビールだけでなく、ラガービール、黒ビール、スタウトに関しても表示の基準が示されている。そもそも何をもってビールというのかについても別途決まっている。それを決めているのは酒税法で、これにより、ビールと発泡酒、そして一般に第三のビールと呼ばれるその他の発泡性酒類に分類される。

そこで企業が考えることは、主観的な表現の使用である。ラガーと呼ぶか生と呼ぶかには客観的事実が要求される。しかし、「特別」や「最高」といった褒めコトバは主観であり、その証明は求められないだろうと考える。しかし、そうではない。公正競争規約の施行規則では、こういった主観的なコトバにもルールを設けている。

「特製」と表示する場合には、その事由を併記しなければならない。そして、特製の要件を満たしていても、「特」を一熟語として用いてはならない。また、「業界における『最高』『最高級』『最良（ベスト）』等最上級を意味する文言を表示すること」は禁止され、「業界における『最古』『最新』『最大』『最小』『日本一』『第1位』『当社だけ』『他の追随を許さない』『代表』『いちばん』等、唯一性を意味する文言を、客観的事実に基づく具体的数値又は根拠なしに表示すること」も禁止される。

さらに、「新鮮」や「フレッシュ」などの文言も具体的な事実の裏づけが求められるし、「高濃度」は「原麦汁エキスが13％以上のビール」に、「高アルコール」は「アルコール量が容量で6％以上のビール」に限って表示することができる。

この業界のルールが波紋を起こしたことがある。アサヒが「ドライ」を発売する前に、ネーミングとして他に「辛口」と「バンジョー」が候補に挙がった。「バンジョー」は、バタ臭いがカッコいい男のビールというイメージを提示することによりヘビーユーザーに訴えられると考えたが、西部劇の世界で飲まれるようなビールは現実離れしているとして最初に脱落し、結局英語の「ドライ」が採用された。

しかし、「アサヒドライ」ではネーミングとして軽すぎると感じ、パワーアップさせようと、「アサヒスーパードライ」が提案された。ところが、公正競争規約づくりの担当者であった宣伝課長が、「スーパー」は規約違反の恐れがあるので使わないようにと主張した。これに対し、最終責任者の部長は、たしかに強調表示ではあるが、ドライの強調であり、ビールの優良性を強調するものではないから問題はないと判断して、「スーパードライ」の名で発売した。

ところが、発売後すぐに、課長の予想通り、他社からクレームがつけられた。ビール酒造組合の公正競争規約委員会では決着せずに、監督官庁の判断を仰ぐことになった。官庁は、この名称は問題ありではあるが、この程度のことでいがみ合うことはないとの判断を示して、一件落着となった。[3]

こういった決まりは、ビール業界に限らない。化粧品に関しても、公正競争規約の施行規則で、「安全」「安心」「完全」「完ぺき」「絶対」「万能」「万全」「何でも」といった安全、完全、万能を意味する語は断定的に使用してはならないとしている。また、「最高」や「無類」などの最上級を意味する語や、「抜群」や「画期的」など優位性を意味する語は、根拠なしでは使用できないと規定している。

また、この規則では、「新製品」とか「新発売」という用語は、発売後6ヶ月以内に限って使用できるとも決めている。

松茸の味お吸い物

限られた自由の中での表現の工夫

「生」の語が使えなくなったアサヒビールはどうしたのだろうか。知恵のある者はいる。その後は、「生きた味」をうたい文句にしたのである。そのときのコピーは、「新鮮……私達はビールの味にこの一言を加えました／飲むたびに新鮮〈生きた味〉／最新の瞬間殺菌装置（FP方式）から生まれた〈生きた味〉／新鮮ビールはアサヒのマーク／これこそビール通が指名するめじるしです」。

ドイツの文学者ゲーテが、いろいろな決まりで縛られている中でこそ、本当の文学作品は生まれるというような趣旨を書いているのを読んだことがある。規制の中での、不自由な中での表現こそが、コピーライターの腕の見せどころである。

松茸の代わりに椎茸を入れて、「松茸のお吸い物」と呼ぶことはできない。しかし、松茸の香料を入れて「松茸の味お吸い物」（永谷園）と呼ぶことはできる。住吉屋のチーズケーキも「レモン入り」ではなく「レモン風味貝がらマドレーヌ」である。

根拠なく使ってはいけない語は、逆にいえば、根拠を示せば使用は可能である。データがあれば、「日本一」といえる。絶対的な効能があることを自らがうたえなくても、使用者の声としてなら紹介は可能である。そして、念のために、「お客さま個人の感想であり、個人差があります」とつけ加えれば安心である。

わが国でも比較広告が認められているが、商品なり企業を特定せず、「その他一般」という言い回しを使用することは紹介した。「今、多くのお茶が出回っている。しかし、すべての健康茶が本当に人々の健康のことを考え、毎日飲み続けるためにおいしく飲みやすいお茶に仕上げられているとは限らない。そんな健康茶を本当の健康茶と言えるのだろうか」（ファイナール）と前置きして自社製品を紹介するのが典型的なやり方である。

しかし、たまに、「一般」という語を使いながら暗に特定商品との比較を行なうことがある。江崎グリコが「ポスカム」というガムを発売した際、「一般的なキシリトールに比べ約5倍」と効果を強調した新聞広告を掲載した。このコンテクストでは「ロッテ」のガムを指していることは明白であり、それに対して5倍の効き目がある根拠が示されていないために、広告には差し止め命令が出された。[4]

「マスカラの限界にチャレンジ！　衝撃的12倍ボリューム、主役級まつげ」などと、具体的な数字をあげるときには、「ロレアル　パリ調べ」と、自社での調査であろうと、とにかく根拠が必要である。

しかし、そもそも具体的な数字を挙げて効能のよさを訴えなくてもよい。「比べてください！このたっぷりの『グルコサミン』と『コンドロイチン』の量を……」（大塚製薬）と自信たっぷりに表現するだけで十分である。わざわざ量を調べてみようと思う人はまずいない。

「1㎎新登場／キリッと冴える、透明感」とのコピーで、「マイルドセブン・アクア・メンソール・ワン」が売り出された。その下には、「本広告に記載されている製品名の『mild』の表現は、本製品の健康に及ぼす悪影響が他製品と比べて小さいことを意味するものではありません」との断りが添えられている。

断るくらいならそもそもこの語を使わなければよいのではと考えるのは、思慮の浅い人である。アメリカの法廷ドラマでこういう場面がよく出てくる。敏腕弁護士が、被告のために、検事側証人について、プライベートな事柄で非難中傷を行なう。当然裁判官は陪審員に、「今のコトバは聞かなかったことにしてください」と注意する。しかし、陪審員の頭からそう簡単に弁護士のコトバは消せないのである。

断定からほのめかしへ　「なぜ、ワダカルの軟骨成分が選ばれるのだろう」

イギリスで生活しているとき、ときどきテレビショッピングを見て楽しんでいた。そのとき、

Victoria Principal's skin creamという化粧品が、〝Results that appear to turn back time〟とか〝Reduces the appearance of fine lines〟といって売り込みをしていた。ここで〝appear〟や〝appearance〟の働きは大きい。

化粧品を使えば、「時計の針が昔に戻る」のではなく「戻ったように思える」のであり、「細かなシワが減る」のではなく「見えにくくなる」のである。もちろん、最後には、〝Results may vary〟（日本での「個人差があります」に当たる）という表示も出てくる。

広告では、「断定」することが戒められ、断定が偽りであれば責任をとらされる。企業は、断定してはいないがしているように思わせる「ほのめかし」戦略をとる。

すでに紹介した〝Aim tastes better〟のコピーで売上を伸ばしたＡｉｍの歯磨きは、〝Why are so many mothers of cavity-prone children switching to Aim?〟というコピーでもキャンペーンを展開した。これは、「どうしてこんなにたくさんお母さんたちは、ムシ歯にかかりやすい子どもの歯磨きをＡｉｍに替えるのでしょうか」という意味である。たくさんの母親がそうしていると断定すれば、証明が求められる。しかし、それを前提とした疑問文とすることで、証明のない事柄がさも既定の事実のように受け取られる。

〝If Nescafé can please the whole world, it can sure please you.〟というコピーも巧みである。

これは、「ネスカフェが全世界の人に愛されているのなら、きっとあなたにも気に入ってもらえるでしょう」という意味である。「ネスカフェが全世界の人に愛されている」と断定はしていない。「もしそうなら」といっているのである。

こういったレトリックはわが国でも見られる。「なぜ、ワダカルの軟骨成分が選ばれるのだろう」（ワダカルシウム製薬）は、Ａｉｍと同じく、証明されていないことを前提とした疑問文である。

では、次のコピーの巧みなところはどこだろうか。「プラチナリングは永遠にさびない。なぜだろう。あのオバジから、あたらしいエイジケア。プラチナイズド化粧水・マスク、誕生」。プラチナリングが永遠にさびないのは事実である。そのプラチナの特質を利用した「独自の処方採用の化粧水とマスクがヴェールのように肌表面に働きかけ」るのである。当然、ここから、それを使用すれば肌も「さびない」すなわち「衰えない」という論理が構成される。しかし、どこにもそれは書かれていない。

名前は早い者勝ち　アップルと宅急便

企業名や商品名を保護する商標法は先願主義をとる。つまり、早い者勝ちである。

アップル社は、自社のパソコンに、企業名にちなんでリンゴの品種名である〝McIntosh〟という名をつけようとしたが、それはすでにオーディオメーカーのMcIntosh Laboratoryが登録済みであった。仕方なく同社の許可を取った上で、〝Macintosh〟というスペルを使用していたが、結局権利を買い取って商標にした。

このアップル社は、企業名自体でも他社とのバッティングでもめている。そもそもコンピュータの企業がなぜ「アップル」と名づけたのかはっきりしない。ニュートンの万有引力発見のきっかけとなったのがリンゴだったからとか、企業名を考えているときにリンゴ園を通りかかったからとか、いろいろな説がある。[5]

いずれにせよ、アップルの名は、すでに、ビートルズの楽曲の版権を有するApple Corpsが使用しており、商標権違反として訴えられた。そのときには、音楽事業に進出しないことを条件に、この名の使用が認められた。ところが後にｉＴｕｎｅｓミュージックストアを立ち上げて再度訴えられることになった。結局、これは音楽事業ではなくデジタル転送サービスだといういい分が認められ、現在もアップルの名を使用している。[6]

ただ、どんな名前でも法で認められるわけではない。１９８６年にサントリーは、蜂蜜とレモン果汁をミックスした「はちみつレモン」を発売し、大ヒットした。しかしながら平易すぎる商品名ゆえ商標登録できなかったことから、他社からも同名商品が乱立し、結果として共倒れに終わってしまった。

また、商標権が認められても、それで安心するのではなく、「その商標が登録商標である旨の表示を付するように努めなければならない」と規定されている。広告で名前の後に®のマークがついているのは、その努力を見せているのである。

しかし、努力が報われて、その名が浸透しすぎても逆効果である。その代表がXeroxである。この企業の複写機の登場まで、複写は文書作成時にカーボン紙を挟むことによって行なっていた。新しい技術のおかげで、でき上がった文書の複写も可能となり、〝xerox〟は「複写する」を意味する一般的な動詞となってしまった。そのため、キヤノンやコニカミノルタのコピー機を使っていても、「ゼロックスした」というようになってしまった。

このように、画期的な商品やサービスが開発されると、その商品名が普通名詞化されてしまいがちである。アメリカでは、他に、「ポラロイド」や「サランラップ」、わが国では、「シャチハタ」「アデランス」「セロテープ」などがある。

宮崎駿のアニメに「魔女の宅急便」という作品がある。これは角野英子の原作の映画化であるが、「宅急便」はヤマト運輸の商標であり、普通名詞としては「宅配便」というべきである。著者がこのことを知っていたかどうかは定かではない。おそらく口調から「宅急便」を選んだのであろう。この作品には、主人公キキと一緒に黒猫も登場する。ひょっとすると、これはクロネコヤマトがヒントになったのかもしれない。いずれにしろ、このことを知ったヤマト運輸は急遽この映画のスポンサーを申し出た。

エピローグ　グローバル化に向けて

ブランドの統一――パナソニックへ企業名を変更

創業90周年の節目を迎えた松下電器産業は、「パナソニック」へと企業名を変更した。これは海外での従業員数が国内の従業員数を上回っている企業の、グローバル戦略の一環である。

ライバルのメーカーを見渡してみよう。わが国では、ソニーや東芝、韓国ではサムスンやLG、そしてオランダのフィリップス。すべて、企業名がブランドである。それに対し松下は、海外では「パナソニック」、日本では「ナショナル」という2つのブランドを持っていた。

日本国内では、ナショナルが松下であることは浸透しているが、海外では、パナソニックと松下が結びつく人は少ない。このことが海外で働く従業員に不満を募らせていた。カナダで寄付をしても松下の名で登録され、それがパナソニックだと気づいてくれない。中近東で、松下の知財登録件数が第1位という記事が出たが、松下の名では、消費者も、それが自分の持っているプラズマテレビの企業だと気づいてくれない。また、海外では社員が、「松下で働いている」といっても「何の企業か」と尋ねられ、「パナソニックの企業」と説明すると、「それはすばらしい」といわれる。

こういった事情を踏まえて、消費者への理解を深め、社員のモーチベーションを高めるために、企業名とブランドの統一を実施した。創業者の松下幸之助は社名をいつかはブランドにしたいと考えていたが、ブランドが社名になるという逆の結果となった。

これには、すでに「パナソニック」が海外で浸透していたこともあるが、〝Matsushita〟が正確に発音されず、「マチュシタ」といわれてしまうことも一因であった。[1]

「ハロー効果」という考え方がある。好調な商品が別の商品のイメージを高めて購入意欲を刺激することである。iPodやiPhoneのヒットが、一時期ウィンドウズに顧客を奪われていたパソコン市場で、アップル社のマックが販売を伸ばした。このような効果を得るためには、同じブランドである方が効果的である。[2]

「日本デンソー」と呼ばれる企業があった。トヨタ自動車の電装・ラジエーター部門から独立し、やがて日本はもちろん海外でも指折りのクルマの部品メーカーとなった。ところが、海外拠点から、〝NIPPONDENSO〟の英語名では、「微妙に商売に支障をきたしている」との声が届き出し、企業名から「日本」を取ることにした。[3]

日本陶器も、「ノリタケカンパニーリミテド」と改称している。「日本」という文字は元から入っていなくても、日本語らしくない名に変えた企業もある。東洋レーヨンは、「東レ」と改名し、英語名は、〝TORE〟でなく〝TORAY〟とした。岡田工業は、「折る刃」を英語らしくもじって「オルハ」(Olha)を考えたが、〝h〟を発音できないフランス人が「オルア」と発音することを心配して、〝Olfa〟と変更した。

また、小林合名会社は、創業者の「孝三郎」の「孝」の字と、経営理念の「誠実」の「誠」の字をとって、「小林コーセー」とした。英語名は〝KOSE〟であったが、これでは海外で「コーズ」と読まれるとして、〝KOSÉ〟に変更した。さらに、立石電機は、その本社所在地が京都の御室であるところから、〝Omuron〟を考えた。しかし、これでは海外で「オミュロン」と発音されるとして、〝Omlon〟としてブランド登録した。しかし〝l〟の音が日本人には発音しにくいからという理由で、現在の〝Omron〟に変更した。[4]

企業名は本名から芸名志向になったと述べた。これからは、海外でも活躍できる芸名を考えていかねばならない。

国との距離感

再びコカ・コーラvsペプシコーラ

コカ・コーラが第二次大戦中、アメリカ人の愛国心に訴えるキャンペーンを展開して売上を伸ばしたことは、すでに紹介した。しかし、このアメリカでの人気が上昇するのと反比例して、敵国では敵視の対象としての地位を確立していった。

ドイツでナチスは、「アメリカが世界の文明に貢献したのは、チューインガムとコカ・コーラだけだ」と嘲笑し、日本軍は「我々はコカ・コーラとともにアメリカ社会の病原菌を輸入した」と自嘲した。

また、コカ・コーラとアメリカという国との結びつきの強さは、ソ連でもマイナスに働いた。第二次世界大戦の戦後処理の話し合いの中でのこと、後にアメリカ大統領となる連合国最高司令官のアイゼンハワーは、ソ連のジェーコフ将軍にコカ・コーラを勧めた。将軍はいたくこれが気に入ったが、冷戦が激化する中、アメリカの価値観を象徴する飲み物を楽しんでいる姿を人に見られるわけにはいかないと思い、コカ・コーラ社に、ロシアの伝統的なお酒であるウオッカに見えるように無色透明にしてほしいと依頼した。コカ・コーラ社は、トルーマン大統領の承認ももらった上で、希望通り無色透明のコーラを完成させて贈ったそうである。

コカ・コーラ社は、コカ・コーラを「資本主義のエッセンス」と呼び、海外事業を拡大していき、1950年代には、海外収益が収益全体の3分の1を占めるようになった。ちょうどアメリカという国自体が資本主義国のリーダーとして政治的影響力を増していくのと時を同じくし、世界各地の共産主義者たちは、反発を強めていった。ヨーロッパの復興計画であるマーシャルプランさえ、「コカ・コーラによる植民地政策」を意味する〝Coca-Colonization〟と呼んだ。

この動きは、ソ連への進出の際にも妨げとなった。反共の汚名を着せられていなかったペプシの方が進出は楽であり、まずルーマニアで操業を始め、後にロシアでの独占販売権を獲得する。

中東でもコカ・コーラに対する反発は強く、そこでは各国が独自に生産するコーラが人気を得た。特に、元ペプシの提携会社が生産した「イスラム教徒のコーラ」である「ザム・ザム・コーラ」は、イラン、カタール、バーレン、サウジアラビアで大ヒットした。

もちろん、コカ・コーラが海外で損な役回りばかりをしたわけではない。ベルリンの壁が消滅した後、東ドイツの住民が、テレビや冷蔵庫といった電気製品と並んで買い求めたのは、箱入りのコカ・コーラであった。「ペプシは古い体制の名残を示す国内ブランドで、一方のコカ・コーラは異国の香りがする外国ブランド」であり、「自由の象徴」となったのである。

いずれにしろ、国のカラーが色濃く出るとプラスにもなるがマイナスにもなる。グローバルなビジネスでは、名前の浸透は大切だが、それは本国を意識させない、本国と適当な距離感がある方がよいのかもしれない。

コトバの壁　山田耕筰も気がつかなかった「カルピス」の音

グローバルなビジネス活動を展開する上で、コトバの壁、文化の壁、そして法の壁が障壁となる。企業名や商品名、そして、その浸透をサポートする企業スローガンやキャッチコピーにも、この3つの壁が立ちふさがる。

以前の職場で同僚のカナダ人教師が、自分の食べているものを指して、「おかしな名前ね」といっていた。それは、「凍らした」（frozen）「ヨーグルト」（yogurt）であるところから「フローグルト」（Frogurt）と名づけられていた。ところが、彼女は、この商品名の最初の4文字から食べものにはふさわしくない「カエル」（frog）を連想してしまうということであった。

ある国では評判のよい企業名や商品名が、別の国ではそうでなくなることも多い。名前が笑いを誘うだけでなく、ときにビジネスとして失敗するという例を集めた本がある。そこからいくつかおもしろいエピソードを紹介しよう。[5]

まず日産自動車の「フェアレディZ」。アメリカでも〝Fair Lady〟として発売したが、売れ行きが芳しくなかった。原因はこの名前ではスポーティーな感じがしないことだと判明して、〝240Z〟に改称した。このスポーツカーは大ヒットし、今でもその愛好者が多くいる。

アメリカのフォードも、南米でしばしば失敗をおかした。〝Fiera〟は、スペイン語で「醜い老女」を意味し、〝Caliente〟は、メキシコでは、「売春婦」を示す隠語で、〝Pinto〟は、ポルトガル語のスラングで「ちっちゃなおチンチン」を意味することが、販売後初めてわかったのである。

せっかく頭を絞ってひねり出した名も、世界各国で通用するのは難しいものである。小さい頃「初恋の味」というコピーで親しんだ「カルピス」は、牛乳に含まれるカルシウムから「カル」を、「ピス」はサンスクリット語からとっている。仏教では、乳・酪・生酥・熟酥（サルピス）・醍醐（サルピルマンダ）を五味といい、この五味の最高位の醍醐からとると「カルピル」となり歯切れが悪いため、次位の熟酥サルピスからとり「カルピス」と考えたそうである。

さらに、音声学の権威でもある山田耕筰にも相談している。山田は、「この音は、アの母音とイの母音の2つのシラブルであり、アの母音は口を開いた形で、明るく開放的、積極的、そしてイの母音は、逆に口を閉じた形で、消極的であるが、堅実である。したがって、カルピスなる音は非常に発展性のある名前である」と述べた、とHPで紹介している。

しかしこうして苦労してできた名前も、英語圏では「おしっこをする」を意味する〝piss〟を連想させ、飲み物としてふさわしくないとして、〝Calpico〟の名で発売されている。

また、日本では「カラダにピース」と、カラダによい健康的な飲み物であるという意味と、「カルピス」の音を連想させる巧みなスローガンが使われているが、英語圏では、〝Promoting Health of Body and Mind〟と説明的なものになっている。

すでに述べたように、スローガンやコピーは、意味だけでなく、音やリズム、そしてイメージを考慮してつくられており、同じインパクトのあるコピーを各国語でつくるのは難しい。

その中では、〝Intel Inside〟という英語での頭韻を、「インテル、入ってる」と日本語では脚韻に置き換えて覚えやすくしたのは名コピーといえる。

文化の壁　**消すのはトイレの音からボールペンの音まで**

コトバはメッセージのツールである。メッセージの内容は、受け手、広告でいえば、消費者の論理回路や感性に訴えなくてはならない。しかし、それを形づくっている価値観や規範意識は、消費者の文化により異なる。コトバは表層的であり、文化は深層的である。

イギリスでコピー機の販売をしていた日本人は、イギリス人は日本人ほどコピーの質にこだわらないと話していた。そうであるなら、出来映えを強調した上位機種の販売はなかなかうまくいかないであろう。

こうした文化による違いは多数あるが、ここでは音をとり上げ、わが国で「消音」を売りにする商品が多いことが、周りの目を気にする「恥の文化」と同時に、周りを気にする「配慮の文化」から来ていることを指摘したい。

ユーザーがミスをすると警告音を出すようにデザインしたワープロソフトが、アメリカで人気を集めた。すぐにミスに気づいて訂正できるからである。しかし、この音は日本では不評で、消すことになった。アメリカと違い、大部屋で仕事をすることの多い日本のユーザーには、警告音は自分のミスを周りに知らせる音と考えられた。[6]

ソニーがウォークマンを発売したとき、欧米人の多くは、「他人に邪魔されずに音楽に聞き入ることができる」ツールとして歓迎した。しかし、これを思いついた盛田昭夫会長は、通勤途中で他人に迷惑をかけずにクラシック音楽を聞きたいという思いから考え出したのである。[7]

ワープロソフトの日本版が恥の意識から生まれ、ウォークマンは配慮の意識から生まれた、といえる。最近も、これらの意識が新商品を生んでいる。

恥が生んだのが、トイレで水を流す「ジャー」という擬音を発生させる「音姫」（TOTO）である。デパートやオフィスビル内のトイレで、女性は用を足す際の音を恥ずかしく思い、平均して2・5回程度の水を無駄に流していたことから思いついた商品である。しかし、こういった恥ずかしいという意識は現代女性だけのものではなく、江戸時代にすでに、裕福な家には「音消し壷」があり、栓をひねると水がちょろちょろと流れ出したそうである。

ただ、現代女性は、江戸時代の女性に比べトイレで気にする音が増えた。生理用品を密封しているビニールの袋を開封するときに「バリバリッ」という音がするのも恥ずかしいのである。そこでP&Gは、日本市場向けに、不織布を使い開封時に音がしない消音型の生理用品を開発し、「ウィスパーさらふわスリム」を発売した。[8]

一方、配慮の意識が生んだのは、ゼブラの「クリップーオンG3Cマナー」というボールペンである。ボールペンは普通、ノックすると「カチャカチャ」という音がする。会議中など周囲に大勢の人がいると、この音を気にする人も多い。そこでゼブラは、ノック音を小さくできるマナーモードをつけたのである。[9]

マナーモードといえば、携帯電話を思い出す。このモードは世界中の携帯電話についているが、日本は特にこのモードの使用を強いられることが多い。以前香港から深圳に行く電車に乗ったことがある。現地の人の携帯は大きな着信音を鳴らし、その電話を受けた人も大声で話している。さらに驚いたことには、車内で流されているテレビからも大きな音が出ている。日本の車内事情と大きな違いである。日本では、テレビはあっても音は流れない。携帯電話はマナーモードにし電話の使用は禁止とあちこちに掲示が張られ、車掌も新しく乗客が乗って来る駅ごとに、携帯電話電話の使用禁止を呼びかけている。日本では、車内でうるさい音は、車掌のアナウンスだけである。

法の壁　ジャッキー・チェンは棺桶の名前

「音姫」を開発したTOTOは、「ウォシュレット」というヒット商品も発売している。この商品は、長野オリンピックに来た人たちが土産話として宣伝したことで、現在はアメリカでも受け入れられるようになっているが、アメリカ進出当初はまったく相手にしてもらえなかった。トイレの上に電気製品が乗っているところから、「電気椅子か」といわれたこともあったし、男性が「ウォシュレットを使っている」というのがはばかれるような雰囲気もあった。このようなアメリカ特有の価値観と同時に、法規制も壁となった。アメリカでは「おしり」というコトバが放送禁止用語のために、日本のようにテレビCMを流せないのである。[10]

日本では断りをつけて使用しているタバコの名称「マイルド」や「ライト」は、EUでは「消費者を欺く」表示として禁止され、アメリカでもそのようにする法案が成立した。[11]また、そのアメリカで認められている比較広告に対して、今は、EU全体が容認の姿勢を見せているが、かつては否定的であった。

フランスの時計メーカーのＬｉｐは、アメリカのライバル社Ｔｉｍｅｘからの攻撃を受けて、反撃に出た。フランス社の時計は貴金属店で販売されていたのに対し、アメリカ社の時計はタバコ店で売られていたことを受け、「タバコ店で売られる時計はタバコと一緒、煙となって消えていく」というコマーシャルを展開した。すぐに駄目になる時計と中傷されたとしてＴｉｍｅｘは訴えを起こし、Ｌｉｐは損害賠償を支払う羽目となった。[12]

法は、禁止するばかりでなく、権利も与えてくれる。すでに述べたように、商標法のおかげで、申請して登録が認められると、その使用権が保護される。しかし、先願主義であることが、問題を発生させている。

松下電器産業が日本では「ナショナル」というブランドを持ちながら、海外で「パナソニック」と異なるブランドを使用することになったのは、そもそも、「ナショナル」がアメリカで使用できなかったからである。

この商標法をめぐって、厄介な問題が持ち上がっている。日本では、「他人の氏名を含む商標は登録できない」と規定されているが、中国では、他人の氏名が持つイメージや品格などに損害を与えないと判断されれば登録が可能となっており、事実上、誰でも他人の名を登録できるのである。香港のアクション・スターのジャッキー・チェンが棺桶、サッカーのデイビッド・ベッカム選手は男性用避妊具の商標に登録されている。日本人でも、浜崎あゆみ、高倉健、中島美嘉、福原愛など、有名人の名前が商標として出願中である。[13] これらが認められれば、後から本人が申請しても認められないという事態が生じる。現に日本の人気漫画でありアニメの「クレヨンしんちゃん」は、すでに中国企業が商標登録をすませている。もし使用すれば、偽物が本物で本物が偽物ということになる。[14]

〝Guy Laroche〟というフランスのブランドから〝Drakkar Noir〟という香水が発売された。オリジナルの広告では、香水を持つ男性の手首が女性の手で握られている写真が使用された。しかしサウジアラビアでは、男性、女性の手が共に衣服から出ているように直された。イスラム教では肌の露出が好ましくないことと考えられており、オリジナルの写真は手しか写っていないが、裸を暗示させるものだったからである。[15]

文化が深層で、コトバはそれを映す表層的なものであると述べた。同じことは、法にもいえる。法はコトバと同じく表層的なもので、深層には宗教や文化などに影響される価値観がある。こういった壁にぶつかりながらグローバル化が進んでいく。

あとがき

「人はコトバを使うと同時にコトバに使われている」。若いときからコトバに興味を持って研究してきた私は、このような思いを抱くことがよくあり、身のまわりのコトバに関心を持っていた。

前に日経プレミアシリーズで出版した『ビジネスの「コトバ学」』では、ビジネスの様々な分野をコトバの面から分析したが、その際、導入として、マーケティングにおけるコトバ戦略を紹介した。ところが、多くの人からこの章が一番おもしろかったとの反応をもらい、編集担当の網野一憲氏からも、この章のような話で1冊書いてもらいたいとの依頼があった。

私はマーケティングの研究者ではない。基礎的なことは承知しているが、深い知識を有しているわけではない。当初、マーケティングの専門書を読むことなどを考え、書店に何度か出向いた。すると、そこには、ネーミングやキャッチコピーに関する本、またそれらを記号論から分析した本が出ていることを知った。

しかし、これらを読んで書いたのではすべて二番煎じである。むしろ、マーケティングの専門家でない者が書くことで、新鮮な視点が出てくるのではないかと思った。そこで、一切そういった本は読まずに書こうと決めて、取りかかった。その結果が本書である。
私が意図したように、読者に新しい発見を与え、身のまわりのコトバを再考するきっかけとなってくれれば幸いである。

２０１０年2月

則定　隆男

5．Packard (1960) 参照。
6．田中 (2006) 参照。

第十章

1．松井 (2005) 参照。
2．広告の法規に関しては、岡田・梁瀬 (2006) 参照。
3．松井 (2005) 参照。
4．岡田・梁瀬 (2006) 参照。
5．アップル社に関しては、大谷 (2008-a) 参照。
6．大谷 (2008-b) 参照。

エピローグ

1．パナソニックへの企業名変更に関しては、大河原 (2009) 参照。
2．大谷 (2008-b) 参照。
3．本間 (2008) 参照。
4．本間 (2002) 参照。
5．Ricks (1999) 参照。
6．Salacuse (1991) 参照。
7．Trompenaars & Hampden-Turner (1998) 参照。
8．乙姫と生理用品の消音に関しては、日経ビジネスオンライン、川口盛之助の「ニッポン的ものづくりの起源」(2007年7月9日)、「“あの音”、恥ずかしくありませんか？」参照。
9．ボールペンに関しては、日経ビジネスオンライン、川口盛之助の「ニッポン的ものづくりの起源」(2007年8月20日)、「会議中の“あれ”、気になりませんか？」参照。
10. ウォシュレットに関しては、日経ビジネスオンライン、「ザ・ターニングポイント」(2007年8月31日)、「トイレだって海外へ」参照。
11. ＥＵで禁止されていることは、則定 (2008) で触れた。アメリカでの法案成立は、「日本経済新聞」(2009年6月23日、夕刊) 参照。
12. Usunier (2005) 参照。
13. 「読売新聞」(2009年6月20日、朝刊)。
14. 「クレヨンしんちゃん」に関しては、則定 (2008) 参照。
15. Usunier (2005) 参照。

7. Elliott (2003) 参照。
8. Packard (1959) 参照。
9. 大谷 (2008-b) 参照。
10. 井上 (2009) 参照。
11. 大谷 (2008-b) 参照。

第六章

1. 「日経ビジネス」(2009年3月2日号)。
2. 樽見 (2006) 参照。
3. 長田 (2008) 参照。
4. 「日経ビジネス」(2009年2月23日号)。

第七章

1. コーヒーに関しては、Standage (2005) 参照。
2. 紅茶に関しても、同上書参照。
3. Packard (2007) 参照。
4. コカ・コーラに関しては、Standage (2005) 参照。
5. 本間 (2002) 参照。
6. タバコに関しては、たばこと塩の博物館監修 (2008) 参照。
7. 資生堂文化部・前田 (2000) 参照。
8. 本間 (2008) 参照。
9. 「日経ビジネス」(2009年2月9日号)。

第八章

1. Packard (2007) 参照。
2. 解放された女性像を利用した広告に関しては、Cross (1979) 参照。
3. 川島 (2007) 参照。
4. Packard (2007) 参照。
5. 罪悪感を減らすための広告に関しては、同上書参照。
6. タバコに関しては、たばこと塩の博物館監修 (2008) 参照。
7. Standage (2005) 参照。
8. Packard (1960) 参照。
9. 「日本経済新聞」(2009年5月9日、「プラスワン」)。
10. 土方細秩子「バービー50歳」(Agora、2009年6月号)。

第九章

1. 「日本経済新聞」(2009年8月3日、「プラスワン」)。
2. 資生堂文化部・前田 (2000) 参照。
3. 戸田 (1998) 参照。
4. 以下の引用はすべて「大人婚」(アシェット婦人画法社) からである。

6. New CokeやCoorsに関しては、Lunz (2007) 参照。
7. 茂蔵三代目に関しては、樽見 (2006) 参照。
8. 「こわれせんべい」に関しては、「日経ビジネス」(2008年12月15日号) 参照。

第三章

1. 葛西 (2009) 参照。
2. たばこと塩の博物館監修 (2008) 参照。
3. 「日本経済新聞」(2001年7月21日、「プラスワン」)。
4. 「うるるとさらら」に関しては、前述の「プラスワン」の他に、戸田 (2005) にもその誕生の経緯が紹介されている。
5. 「ウメッシュ」の誕生については、戸田 (1998) に詳しい.
6. 音象徴については、Pinker (2007) 参照。
7. 音の与える感じについては、田守 (2002) 参照。
8. 武川 (2007) 参照。
9. 武川 (2007) 参照。
10. 資生堂文化部・前田 (2000) 参照。
11. 武川 (2007) 参照。
12. 杉村 (2007) 参照。
13. 「朝日新聞」(2009年5月2日、夕刊)。
14. 伊藤 (2006) 参照。
15. Cross (1979) 参照。
16. 同上。

第四章

1. 4つの方法に関しては、瀬戸 (1997) 参照。
2. アンネに関しては、田中 (2006) 参照。
3. ユニ・チャームに関しては、緒方 (1996) 参照。
4. バイアグラに関しては、Loe (2004) 参照。
5. 本間 (2008) 参照。
6. "gambling" に関する詳細は、Luntz (2007) 参照。

第五章

1. 井上 (2009) 参照。
2. 緒方 (1996) 参照。
3. 同上。
4. Payer (1992) 参照。
5. Cross (1979) 参照。
6. 「日経ビジネス」(2008年12月16日号)。

本文注

プロローグ

1.「朝日新聞」(2008年12月11日、朝刊)。
2. ここに紹介した若者の文化やつたこうへいの戯曲は、資生堂文化部・前田(2000)を参照。
3.「日経ビジネス」(2009年3月2日号)。
4.「日経ビジネス」(2009年2月23日号)。
5. All About Auto Style、国産車、「乗れば驚く、ルミナス／セッテ」(国沢光宏、2009年1月30日掲載)。
http://allabout.co.jp/auto/japanesecar/closeup/CU20090130A
6. アサヒビールに関する記述は、松井(2005)参照。
7.「朝日新聞」(2009年6月5日、朝刊)。
8. この実験を行なったのは、Tversky & Kahneman (1974)。
9.「朝日新聞」(2009年5月2日、朝刊、「be on Saturday」)。
10. これは、Veblen (1934)の考え方。
11. これはKeynesの考え方であり、Galbraith (1984)が紹介。
12. この題名でPackard (1959)は本を出版。
13. Cross (1979)参照。

第一章

1. リズムについては、窪薗(2008)参照。
2. モーラについては、窪薗(1999)参照。
3. 大谷(2008-a)参照。
4. 大谷(2008-b)参照。
5. 短縮語とモーラの関係に関しては、窪薗(2002)参照。
6. 本間(2002)参照。
7. 本間(2008)参照。
8. 本間(2002)参照。
9. 篠崎屋に関しては、樽見(2006)参照。
10. 男前豆腐に関しては、伊藤(2006)参照。

第二章

1. コーラ2社のキャンペーンについては、Benoit (1995)参照。
2. 社会言語学者のTannenn (1999)は、これを題名とする本を出版。
3. Aimに関する広告や懸垂比較級に関しては、Cross (1979)参照。
4.「ブローネ泡カラー」に関しては、「日経ビジネス」(2009年5月4日号)参照。
5. アサヒビールに関しては、松井(2005)参照。

Tannenn, D. (1999). *The argument culture*. Ballantine Books.

Trompenaars, F. & Hampden-Turner, C. (1998). *Riding the waves of cultures*. McGraw-Hill. (須貝栄訳) (2001)『異文化の波～グローバル社会:多様性の理解』(白桃書房)

Tversky, A. & Kahneman, D. (1974). Judgment under uncertainty. *Science*, 185, 1124-31.

Usunier, J-C. (2005). *Marketing across cultures*. 4th ed. Prentice Hall.

Veblen, T. (1934). *The theory of the leisure class*. Modern Library. (小原武士訳) (1961)『有閑階級の理論』(岩波文庫、岩波書店)

Waugh, E. (1951). *The loved one*. Penguin Books. (吉田誠一訳)『囁きの霊園』(ブラックユーモア全集、早川書房)

本間之英(2002)『誰かに教えたくなる社名の由来』(講談社)

本間之英(2008)『誰かに教えたくなる社名の由来 新進企業と老舗企業』(講談社+α文庫、講談社)

松井康雄(2005)『たかがビールされどビール』(日刊工業新聞社)

Benoit, W. L. (1995). ***Accounts, excuses, and apologies.*** State University of New York.

Cross, D. W. (1979). ***Word abuse.*** McCann & Geoghegan.

Elliott, C. (2003). ***Better than well.*** W.W. Norton & Company.

Galbraith, J. K. (1984). ***The affluent society.*** Houghton Mifflin.

Hayakawa, S. I. & Hayakawa, A. R. (1990). ***Language in thought and action.*** 5th edition. Harcourt Brace Jovanovich (大久保忠利訳)(1985)『思考と行動における言語』(原書第4版、東京:岩波書店)

Huxley, A. (1932). ***Brave new world.*** Penguin Books. (松村達雄訳)(1974)『すばらしい新世界』(講談社文庫、講談社)

Loe, M. (2004). ***The rise of Viagra.*** New York University. (青柳伸子訳)(2009)『バイアグラ時代』(作品社)

Luntz, F. (2007). ***Words that work.*** Hyperion.

Packard, V. (1959). ***The status seekers.*** Longmans. (野田一夫・小林薫訳)(1960)『地位を求める人々』(パッカード著作集2、ダイヤモンド社)

Packard, V. (1960). ***The waste makers.*** Longmans. (南博・石川弘義訳)(1961)『浪費をつくり出す人々』(パッカード著作集3、ダイヤモンド社)

Packard, V. (2007). ***The hidden persuaders.*** With an Introduction by M. C. Miller. Ig Publishing (林周二訳)(1958)『かくれた説得者』(パッカード著作集1、ダイヤモンド社)

Payer, L. (1992). ***Disease-mongers.*** John Wiley & Sons.

Pinker, S. (2007). ***The stuff of thought.*** Penguin Books. (幾島幸子・桜内篤子訳)『思考する言語(上・中・下)』(NHKブックス、日本放送出版協会)

Ricks, D. A. (1999). ***Blunders in international business.*** 3rd ed. Blackwell.

Salacuse, J. W. (1991). ***Making global deals: Negotiating in the international marketplace.*** Houghton Mifflin. (則定隆男・亀田尚己・福田靖訳)(1996)『実践グローバル交渉』(中央経済社)

Standage, T. (2005). ***A history of the world in 6 glasses.*** Walker & Co. (新井崇嗣訳)(2007)『世界を変えた6つの飲み物』(インターシフト)

参考文献

伊藤信吾(2006)『風に吹かれて豆腐屋ジョニー』(講談社)

井上理(2009)『任天堂“驚き”を生む方程式』(日本経済新聞出版社)

大河原克行(2009)『松下からパナソニックへ』(アスキー新書、アスキー)

大谷和利(2008-a)『iPodをつくった男』(アスキー新書、アスキー)

大谷和利(2008-b)『iPhoneをつくった会社』(アスキー新書、アスキー)

岡田米蔵・梁瀬和男(2006)『広告法規』(新版第一版、商事法務)

緒方知行(1996)『共感の経営』(東洋経済新報社)

長田貴仁(2008)『増補新版パナソニックウェイ』(プレジデント社)

葛西薫(2009)「字・言葉・文・絵」、文字講座編集委員会編『文字講座』(誠文堂新光社、39-58ページ)

川島蓉子(2007)『資生堂ブランド』(アスペクト)

窪薗晴夫(1999)『日本語の音声』(現代言語学入門2、岩波書店)

窪薗晴夫(2002)『新語はこうして作られる』(もっと知りたい!日本語、岩波書店)

窪薗晴夫(2008)『ネーミングの言語学』(開拓社言語・文化選書、開拓社)

資生堂文化部・前田和男(2000)『MG5物語』(求龍堂)

杉村貴代(2007)『あの商品は、なぜ売れたのか』(ソーテック)

瀬戸賢一(1997)『認識のレトリック』(海鳴社)

武川カオリ(2007)『色彩力』(ピエ・ブックス)

田中ひかる(2006)『月経をアンネと呼んだ頃』(ユック舎)

田中康夫(1981)『なんとなく、クリスタル』(新潮文庫、新潮社)

たばこと塩の博物館監修(2008)『たばこ　パッケージクロニクル』(イカロス出版)

田守育啓(2002)『オノマトペ　擬音・擬態語をたのしむ』(もっと知りたい!日本語、岩波書店)

樽見茂(2006)『“豆腐一丁”をどう売る?』(かんき出版)

俵万智(1989)『サラダ記念日』(河出書房新社)

戸田覚(1998)『ヒット商品の企画書が見たい』(ダイヤモンド社)

戸田覚(2005)『あのヒット商品のナマ企画書が見たい』(ダイヤモンド社)

則定隆男(2008)『ビジネスの「コトバ学」』(日経プレミアシリーズ、日本経済新聞出版社)

則定隆男　のりさだ・たかお

関西学院大学商学部教授。商学博士。一九四九年生まれ。国際ビジネスコミュニケーション学会理事長、イギリス・ブリストル大学、オランダ・ラドバウド大学の客員研究員などを務める。国際ビジネスをコミュニケーションや文化の面から研究。『ビジネスの「コトバ学」』、『ビジネス英語を学ぶ・考える』、『レター・オブ・インテントの用途と書き方』ほか著書多数。

日経プレミアシリーズ｜072

買《か》わされる「名《な》付《づ》け」　10の法則《ほうそく》

二〇一〇年三月八日　一刷

著者　則定隆男

発行者　羽土　力

発行所　日本経済新聞出版社
http://www.nikkeibook.com/
東京都千代田区大手町一―九―五　〒一〇〇―八〇六六
電話（〇三）三二七〇―〇二五一

装幀　ベターデイズ

印刷・製本　凸版印刷株式会社

ISBN 978-4-532-26072-9　Printed in Japan

日経プレミアシリーズ 005

バカ社長論

山田咲道

電気代節約で赤字が増えた、デキる社員に仕事を振ったら売上が減った……。会社の不調の原因は、いつだって社長や管理職のデタラメな判断・行動にある。会計士の視点から、会社が犯しがちな間違いを挙げ、「こうすれば、もうかる」シンプルな理論を説く。

日経プレミアシリーズ 014

ビジネスの「コトバ学」

則定隆男

「ペンティアム」と「アマゾン」に共通するイメージ戦略、「コカ・コーラ」や「コニカミノルタ」が放つ音の魅力……科学の方法論だけでは解明できない「売れるコトバ」の秘密を、国際ビジネスコミュニケーションの第一人者が、素朴な「なぜ」から解き明かす。

日経プレミアシリーズ 020

「不正」は急に止まれない！

中島茂

「わが社は大丈夫！」が一番危ない！　産地偽装、異物混入、リコール隠し……不祥事につながるリスクの芽は思わぬところに存在する。消費者から見放され、社会を敵にまわした多くの事例から導き出した生きた教訓を、やさしいことわざふうにまとめた、本当に使えるリスク管理標語集。

日経プレミアシリーズ049

ダメ上司論

山田咲道

赤字会社の独特の文化とは？　なぜ優秀な社員がやる気を失うのか……。働きづらい職場の陰にダメ上司あり。多くの現場を観察した会計士が、身近にいるマネジャーの間違った行動を正し、正しい「管理」によってもうかる組織の論理をわかりやすく説く。

日経プレミアシリーズ052

父親次第

高木豊

時代遅れと言われたって、男の子は男らしく！　強い子の第一歩はいい靴から、プレッシャーを「おいしい」と思わせる、できない宿題は「できない」と言わせる、自分で考えさせる、親の体験談は最高の贈り物……。いま三人の息子がサッカー界で注目を集める、元プロ野球選手の骨太でユニークな子育て論。

日経プレミアシリーズ060

「金融工学」は何をしてきたのか

今野浩

安定的な原材料供給や信用リスク軽減に金融工学が果たす役割は大きい。リーマンショックを引き起こした住宅ローン担保証券に、金融技術はほとんど使われていなかったのだ。バブルとその崩壊を引き起こす「強欲」の「暴走」という実態を描きながら、改めて金融工学の本質を説く。

日経プレミアシリーズ061

欲しがらない若者たち

山岡拓

「ブランド品を買わずにお金をかけるのは……」「どうしてエアコンよりこたつを選ぶ？」「新築より古民家の方がいいのはなぜ？」――。独自の統計調査やディープインタビューを通じて、かつてからは想像もつかない価値観を持つ、現代の若者の実像を徹底解剖する。

日経プレミアシリーズ063

できる社員を潰す「タコ社長」

北村庄吾

パワハラは当たり前。セクハラなんて関係ない。休暇申請には「いい度胸だ」と威嚇する……今日も社内を闊歩する「タコ社長」から身を守るために知っておきたい基礎知識を、著者自身が見聞きしてきた具体例とともに解説。

日経プレミアシリーズ065

売り方は類人猿が知っている

ルディー和子

不況に直面して購買を控える現代人は、猛獣に怯えて身をすくめるサルと同じだ。動物の「本能」を通して、人間の感情を分析すれば、消費者の行動形態もよくわかる。興味深い実験を数多く紹介しながら、不安な時代に「売るヒント」を探る、まったく新しい「消費学」の読み物。